Um Bate-Papo Sobre O
Gestão Empresarial com ERP

*Para Irene e Ralph
Neste dia especial,
um pouco de
nossa história
Ernesto e
Elaine
15/06/08*

www.saraivauni.com.br

Ernesto Haberkorn

Um Bate-Papo Sobre O Gestão Empresarial com ERP

Editora Saraiva

Av. Marquês de São Vicente, 1697 — CEP 01139-904
Barra Funda — Tel.: PABX (0XX11) 3613-3000
Fax: (11) 3611-3308 — Televendas: (0XX11) 3613-3344
Fax Vendas: (0XX11) 3611-3268 — São Paulo - SP
Endereço Internet: http://www.editorasaraiva.com.br

Filiais:

AMAZONAS/RONDÔNIA/RORAIMA/ACRE
Rua Costa Azevedo, 56 — Centro
Fone/Fax: (0XX92) 3633-4227 / 3633-4782 — Manaus
BAHIA/SERGIPE
Rua Agripino Dórea, 23 — Brotas
Fone: (0XX71) 3381-5854 / 3381-5895 / 3381-0959 — Salvador
BAURU/SÃO PAULO
(sala dos professores)
Rua Monsenhor Claro, 2-55/2-57 — Centro
Fone: (0XX14) 3234-5643 — 3234-7401 — Bauru
CAMPINAS/SÃO PAULO
(sala dos professores)
Rua Camargo Pimentel, 660 — Jd. Guanabara
Fone: (0XX19) 3243-8004 / 3243-8259 — Campinas
CEARÁ/PIAUÍ/MARANHÃO
Av. Filomeno Gomes, 670 — Jacarecanga
Fone: (0XX85) 3238-2323 / 3238-1331 — Fortaleza
DISTRITO FEDERAL
SIG Sul Qd. 3 — Bl. B — Loja 97 — Setor Industrial Gráfico
Fone: (0XX61) 3344-2920 / 3344-2951 / 3344-1709 — Brasília
GOIÁS/TOCANTINS
Av. Independência, 5330 — Setor Aeroporto
Fone: (0XX62) 3225-2882 / 3212-2806 / 3224-3016 — Goiânia
MATO GROSSO DO SUL/MATO GROSSO
Rua 14 de Julho, 3148 — Centro
Fone: (0XX67) 3382-3682 / 3382-0112 — Campo Grande
MINAS GERAIS
Rua Além Paraíba, 449 — Lagoinha
Fone: (0XX31) 3429-8300 — Belo Horizonte
PARÁ/AMAPÁ
Travessa Apinagés, 186 — Batista Campos
Fone: (0XX91) 3222-9034 / 3224-9038 / 3241-0499 — Belém
PARANÁ/SANTA CATARINA
Rua Conselheiro Laurindo, 2895 — Prado Velho
Fone: (0XX41) 3332-4894 — Curitiba
PERNAMBUCO/ ALAGOAS/ PARAÍBA/ R. G. DO NORTE
Rua Corredor do Bispo, 185 — Boa Vista
Fone: (0XX81) 3421-4246 / 3421-4510 — Recife
RIBEIRÃO PRETO/SÃO PAULO
Av. Francisco Junqueira, 1255 — Centro
Fone: (0XX16) 3610-5843 / 3610-8284 — Ribeirão Preto
RIO DE JANEIRO/ESPÍRITO SANTO
Rua Visconde de Santa Isabel, 113 a 119 — Vila Isabel
Fone: (0XX21) 2577-9494 / 2577-8867 / 2577-9565 — Rio de Janeiro
RIO GRANDE DO SUL
Av. Ceará, 1360 — São Geraldo
Fone: (0XX51) 3343-1467 / 3343-7563 / 3343-2986 / 3343-7469
Porto Alegre
SÃO JOSÉ DO RIO PRETO/SÃO PAULO
(sala dos professores)
Av. Brig. Faria Lima, 6363 — Rio Preto Shopping Center — V. São José
Fone: (0XX17) 227-3819 / 227-0982 / 227-5249 — São José do Rio Preto
SÃO JOSÉ DOS CAMPOS/SÃO PAULO
(sala dos professores)
Rua Santa Luzia, 106 — Jd. Santa Madalena
Fone: (0XX12) 3921-0732 — São José dos Campos
SÃO PAULO
Av. Marquês de São Vicente, 1697 — Barra Funda
Fone: PABX (0XX11) 3613-3000 / 3611-3308 — São Paulo

ISBN 978-85-02-06598-7

CIP-BRASIL CATALOGAÇÃO NA FONTE
SINDICATO NACIONAL DOS EDITORES DE LIVROS, RJ

Haberkorn, Ernesto
  Um bate-papo sobre o gestão empresarial com ERP : tudo que você gostaria saber sobre o ERP e a tecnologia da informação, mas ficava incabulado de perguntar / Ernesto Haberkorn. - São Paulo : Saraiva, 2007.

  Apêndices
  Inclui bibliografia e índice
  ISBN 978-85-02-06598-7

  1. Sistemas de informação gerencial. 2. Gestão de empresas. 3. Tecnologia da informação. 4. Sistemas de recuperação da informação. I. Título.

07-3317
CDD: 658.40380285
CDU: 65.011.57

Copyright © Ernesto Haberkorn
2007 Editora Saraiva
Todos os direitos reservados.

Diretora editorial: Flávia Helena Dante Alves Bravin
Editores: Marcio Coelho
  Rita de Cássia da Silva
  Frederico Marchiori
Produção editorial: Viviane Rodrigues Nepomuceno
  Juliana Nogueira Luiz
Aquisições: Eduardo Viegas Meirelles Villela
Arte, Produção e Adaptação
de Capa: ERJ Composição Editorial

Nenhuma parte desta publicação poderá ser reproduzida por qualquer meio ou forma sem a prévia autorização da Editora Saraiva.
A violação dos direitos autorais é crime estabelecido na Lei n. 9.610/98 e punido pelo artigo 184 do Código Penal.

Agradecimentos

À minha esposa Elaine, que me fez renascer aos 55 anos de idade.

Aos meus filhos Patrícia, Daniela, Alexandre e Murilo, por entenderem que basta um louco na família para trabalhar com Tecnologia da Informação.

Aos amigos da família Microsiga — funcionários, parceiros, clientes e fornecedores — que tanto contribuíram para tornar realidade o sonho do SIGA, coordenados pela batuta de nossa diretoria:

Presidente Grupo Totvs: Laércio Cosentino

VP Financeiro de Gestão e Relações com Investidores Totvs: José Rogério Luiz

VP de Sistemas, Recursos e Serviços Totvs: Wilson de Godoy Soares Jr.

VP de Inovação e Tecnologia Totvs: Weber Canova

Diretor Corporativo de Marketing, Alianças e Novos Negócios Totvs: Claudio Bessa Sacramento

Diretor Corporativo de Relações Humanas Totvs: Flávio Balestrin de Paiva

Diretor Financeiro e Administração Totvs: Alexandre Alves da Silva

Diretor Geral Marcas Microsiga e Logocenter: Marcelo Rehder Monteiro

Diretor de Inteligência de Sistemas e Produtos Microsiga: Armando Tadeu Buchina

Diretor de Atendimento e Relacionamento Microsiga Brasil Contas Novas: Marcelo Jacob

Diretor de Atendimento e Relacionamento Microsiga Brasil da Base: Carlos Eduardo Reinhardt

Diretor de Consultoria e Serviços Microsiga: Luiz Cesar Zaratin Bairão

Diretor Unidade de Negócios Microsiga México: Alberto Candido B. de Freitas

Diretor Unidade de Negócios Microsiga Cone Sul: Ary Valentim Medeiros Neto

Diretor de Processos, Riscos e Planejamento Estratégico: Alexandre Mafra Guimarães

Aos que colaboraram com a edição deste livro:

Georges Kontogiorgos, Luiz Akira Tamura, Jose Augusto T.S.O. Santos, Maria Helena da Silva Datti, Eduardo Alexandre Nistal, Fernanda Pancheri, Gian Carlo Rodrigues Guzzoni, Harley Dias, Pilar Sanchez Albaladejo, Alfredo Luiz Magalhães, Eduardo Perusso Riera, Fernando Cícero, Cristiano Cardoso da Cunha, Luiz Fogaça, Mariana Lucila Stori, Marcelo Bomura Abe, Fernando Ramalho, Francisco de Assis B. da Costa, Gustavo Bezerra e Marco Antonio Canela.

Um agradecimento especial ao co-autor deste livro, Mauro Vivacqua de Chermont.

Às escolas conveniadas, relacionadas em *www.certificacaomicrosiga.com.br*, que nos ajudam a propagar o pouco que sabemos e que sabemos que é apenas uma semente plantada na cabeça de cada aluno — semente que, esperamos, brote e se transforme em uma frondosa árvore de muito saber.

Sumário

Nota Introdutória 11

Capítulo 1 — Funcionalidades do ERP (*Enterprise Resource Planning*) 13
    Soluções ERP 13
    A estrutura e o título do livro 15
    Funcionalidades do ERP 20
        A radiação 21
    Segurança e transparência 24
    A nova gestão empresarial 26

Capítulo 2 — Novas Funcionalidades do ERP 29
    CRM 29
        Call centers 30
        Sites 33
        e-commerce 34
    SCM 37
    SOA 39
    ASP 40

Capítulo 3 — Suporte e Apoio à Decisão — *Business Intelligence* (BI) 43
    Data warehouse (DW) 45
    ETL (Extract, Transform and Load) 45
    Dimensões, indicadores e drill-down/drill-up 46
    Workflow 47
    BPM 49
    BSC 50
        As quatro perspectivas 50
        Dashboard 53
        Motivação 56

    Data mining 59
    Correlação 60
    Simulação 63

Capítulo 4 — A Empresa e o Governo 67
    A empresa 67
        Empreendedores 70
        Internacionalização 71
    O Governo 72
        Impostos 75
        Terceirização 78
    Jogo do Governo 79
    Jogo de Empresas 80
    O ERPzinho 81
    Contabilidade 82

Capítulo 5 — Evolução da Tecnologia e História da Microsiga 85
    Os primeiros computadores 85
    A idéia de um Sistema Integrado 87
    O Bureau de Serviços SIGA 89
    A entrada do Laércio Cosentino 92
    O início da Microsiga 94
    A entrega dos fontes 96
    A versão Siga Advanced 98
    Protheus 100
    Dividir para Multiplicar 103
    O futuro — Protheus 10 104

Capítulo 6 — Programação 107
    Os comandos 109
    Programação estruturada 112
    Parâmetros 113
    Customização 115
        Inclusão e alteração de funções 117
        Dicionário de Dados 118

POO 119
    Classes, propriedades, métodos e objetos 120
    Componentização 122

Capítulo 7 — Normas de Qualidade para o Desenvolvimento e Implantação de Software 125
    TQM 127
    COBIT 129
    ISO 9000 129
    CMMI 132
    MPS 134
    ITIL 135
    PMI 136
    SOX 137
    SPICE, SLA, SIX-SIGMA 139

Capítulo 8 — O Estado-da-Arte da TI na Empresa — Um Case Real 143
    Processos administrativos 144
    Coletores eletrônicos 145
    e-commerce 145
    Reservas 145
    Blog 146
    Workflow 146
    Business Intelligence (BI) 147
    Web services 148
    SCM — *Supply Chain Management* 149
    Aprendizado e segurança 149
    Novo Projeto: Protheus 10 150

Apêndice 1 — Bate-Bola no Bate-Papo 151

Apêndice 2 — ETA — O *Blog* do Ernesto 163
    A sigla 164
    O SPAventura 166
    Estatuto do ETA 166

O *site* 167
Corridas de Aventura 168
Princípios 169
Era Deus um Bom Analista de Sistemas? 170
Contato 174

Índice Remissivo de Nomes 177

Índice Remissivo de Empresas 179

Índice Remissivo de Palavras-Chave 181

Nota Introdutória

Ernesto Haberkorn é um pioneiro. Em 1966, quando os computadores ainda eram enormes, pesadíssimos e de uso muito restrito, resolveu estudar o que hoje chamamos de Tecnologia da Informação (TI). Freqüentou cursos, pesquisou e, em 1974, fundou a própria empresa: a SIGA, Sistema Integrado de Gerência Automática. Inicialmente um bureau de serviços, a empresa cresceu e passou a se chamar Microsiga e hoje integra o Grupo Totvs, juntamente com a Logocenter e a RM, tornando-se um dos maiores prestadores de serviços de TI na América Latina, com ênfase no ERP (Enterprise Resource Planning). Desde cedo, Haberkorn decidiu compartilhar os conhecimentos com a sociedade, tanto nos meios universitários e acadêmicos, quanto junto às maiores empresas públicas e privadas. Renomado professor, conferencista e empresário, é hoje uma das principais referências em TI no Brasil. Escreveu nove livros, usados como material didático pelo país afora. O primeiro, chamado *Introdução à Análise de Sistemas*, foi publicado em 1969.

Em julho de 2006, Haberkorn publicou a terceira edição do livro *Gestão Empresarial com ERP*. Composto por 920 páginas e seis CDs, tornou-se leitura obrigatória para os profissionais do setor. Com informações técnicas e práticas, trata-se de um verdadeiro guia sobre ERP. Porém, para Haberkorn, o livro não era suficiente. Na sua avaliação, faltava uma versão mais curta e leve, que não ultrapassasse 200 páginas e mostrasse, de forma simples e clara, como, afinal, é a Gestão Empresarial com ERP.

"Menos de um ano após a publicação da nova edição, comecei a trabalhar em um novo livro, com uma linguagem mais coloquial e bem humorada, com muitos cases interessantes. O meu objetivo era reunir informações úteis e curiosas, de maneira instigante e atrativa para o leitor, sempre contando um pouco da minha vivência nestes 40 anos como sócio-fundador da Microsiga", afirma.

Um Bate-Papo Sobre O Gestão Empresarial com ERP chega para atender a todas essas premissas. Foi preparado com base em dez entrevistas, sob a forma de perguntas e respostas, com 1 hora de duração cada, que abordam os 20 Capítulos do livro *Gestão Empresarial com ERP*. A seqüência original do livro foi obedecida, salvo pequenas inversões, conforme a Tabela de Correspondência. O material foi enriquecido com passagens selecionadas do livro *Genoma Empresarial*, publicado em 2001, que conta a história da fundação da Microsiga e tem Haberkorn como co-autor, juntamente com o sócio e presidente do Grupo Totvs, Laércio Cosentino, e com o primeiro funcionário da Microsiga, Fernando Cícero. Quem desejar aprofundar-se nos assuntos abordados neste *Bate-Papo* deverá consultar a peça de origem.

Quatro características do Ernesto ficaram marcadas:

1. Seu vastíssimo conhecimento técnico de ERP e de TI.
2. Sua personalidade forte, extrovertida e ao mesmo tempo disciplinada, percebida nas entrevistas, quando fiz perguntas também sobre temas raramente abordados em trabalhos técnicos: motivação, relacionamento, sociedade e outros.
3. A filosofia de sua biografia profissional: dividir para Multiplicar.
4. O perfeccionismo e o amor que devota à sua profissão de programador. Na lua-de-mel do primeiro casamento levou "uns manuais e folhas de programação para me distrair um pouco enquanto minha mulher estivesse dormindo" ...; mas, não ficou nisso: na lua-de-mel do último casamento, repetiu o lance!

Hoje, Ernesto Haberkorn é Presidente do Conselho Protheus e responsável pelo Projeto Microsiga Dá Educação.

Costumo dizer que cada projeto é um aprendizado. Poucas vezes, porém, em meus 42 anos de consultoria, aprendi tanto, em tão pouco tempo, como neste *Bate-Papo* com o Ernesto. Espero que com os leitores e leitoras aconteça o mesmo.

Mauro Vivacqua de Chermont
Chermont Engenharia e Consultoria Ltda.

Capítulo 1

Funcionalidades do ERP
(*Enterprise Resource Planning*)

1ª Entrevista (1ª parte)

Soluções ERP

M. (Mauro) O livro *Gestão Empresarial com ERP* é uma evolução de outras obras suas. O que ele traz de interessante?

E. (Ernesto) O objetivo do livro é mostrar como a Tecnologia da Informação (TI) pode ajudar as pessoas, e principalmente as empresas, a se tornarem mais eficientes e eficazes. Pode-se dizer que a TI possui recursos sempre muito mais avançados do que realmente se utiliza no dia-a-dia. A evolução é constante e difícil de acompanhar, demandando conhecimento e dedicação. Para se ter uma idéia, considerando dados estatísticos, e segundo pesquisa do Aberdeen Group (empresa de consultoria norte-americana), estima-se que a utilização das funcionalidades disponíveis não passe de 27,6%. É o contraste entre a Tecnologia Prometida, a Tecnologia Necessária e a Tecnologia Utilizada, como mostrado no filme do CPR (Centro Permanente de Resultados) da Microsiga. O livro *Gestão Empresarial com ERP*, de 920 páginas, tem como objetivo mostrar a evolução dessa tecnologia, suas aplicações e o que ela pode proporcionar de vantagens para as companhias. Este *Bate-Papo* é uma versão curta e leve do livro.

Hoje, as empresas têm à sua disposição o que chamamos de Soluções ERP, que significa *Enterprise Resource Planning*, Planejamento dos

Recursos da Empresa. Caracterizado como um sistema de grande abrangência, o ERP é a evolução de duas outras siglas muito usadas a partir da década de 1960: MRP I (*Material Requirement Planning*, Planejamento das Necessidades de Materiais) e MRP II (*Manufacturing Resource Planning*, Planejamento dos Recursos da Manufatura).

O primeiro calculava tudo que deve ser comprado e produzido. Assim como faz uma dona de casa quando é surpreendida com um jantar para mais pessoas do que o previsto, o MRP I calcula o que deve ser adquirido, partindo de determinada demanda e da estrutura dos produtos, também conhecida como "receita do bolo". Entre as décadas de 1960 e 1970 algumas empresas desenvolviam esses sistemas, principalmente a IBM. O enfoque era atender grandes fábricas, com centenas de produtos, milhares de componentes e matérias-primas, tendo como base planos de vendas que mudavam a todo momento.

Na década de 1980 surgiu o MRP II. Apesar de ter a mesma sigla, o significado era totalmente diferente. Enquanto o MRP I tinha como objetivo apenas auxiliar no suprimento, o MRP II visava planejar a produção, envolvendo todos os recursos necessários. De modo geral, o MRP I dizia apenas "produza isso, compre aquilo". Já o MRP II indica como produzir. O MRP II faz a planificação da fábrica, considerando as centenas de máquinas utilizadas, a disponibilidade de funcionários e ferramentas, ou seja, os seus recursos, dentro de uma seqüência de operações preestabelecida. Máquinas em manutenção, faltas de funcionários, ferramentas com problemas, mudanças no plano de vendas, são algumas das situações que devem ser consideradas para replanejar a produção a cada momento. E o MRP II faz exatamente isso: aloca as operações minuto a minuto, máquina a máquina, pessoa a pessoa, procurando ainda otimizar todo este processo.

Atualmente, além do setor industrial, o segmento de serviços também enfrenta este problema de alocação. Podemos citar uma série de exemplos: alocar médicos e distribuir os leitos entre os pacientes de um hospital, alocar professores em uma universidade, alocar clientes nas mesas de um restaurante, alocar carros em uma fila de pedágio. O processo de alocação de recursos é estruturado na Teoria das Restrições. O objetivo é otimizar todo o processo, a custo mínimo e velocidade máxima, respeitando certas limitações.

Em meados da década de 1990, as empresas de software definiram uma nova sigla: ERP. Ainda mais abrangente que o MRP II, o ERP inclui o gerenciamento de todos os recursos da empresa. Trocaram o M de Manufatura pelo E de *Enterprise*, Empresa. Nesta época também chegavam ao Brasil as empresas de software estrangeiras.

M. Como as empresas internacionais chegaram ao país?
E. Em 1991, com o governo de Fernando Collor de Mello, o Brasil iniciou a abertura comercial e acabou com a reserva de mercado. O processo foi ampliado aos poucos, completando-se a abertura em 1995, ano em que essas empresas se instalaram no país.

A Solução ERP é um sistema que, coincidentemente ou não, considera, além da manufatura, a parte financeira, contábil, controle dos ativos, RH e gestão do conhecimento. Com a ajuda da informática, a empresa planeja todos os seus recursos, para obter maior eficiência, ser mais ágil, econômica e lucrativa. No fundo é um Sistema Integrado de Gerência Automática — SIGA (*risos*).

A estrutura e o título do livro

M. Ernesto, você poderia descrever como será a estrutura deste livro, as suas linhas mestras e como conduziremos a nossa conversa?
E. O grande guarda-chuva que é o ERP está assentado sobre oito capítulos, ou grandes linhas mestras, como você mencionou, e dois apêndices:

1. **Funcionalidades do ERP (*Enterprise Resource Planning*):** São os processos ou rotinas administrativas básicos da empresa; a radiação é uma das maneiras de descrever o assunto.
2. **Novas Funcionalidades do ERP:**
    - CRM (*Customer Relationship Management*, Gestão do Relacionamento com o Cliente): como o próprio nome diz, o CRM é voltado para informações e atendimento aos clientes da empresa;
    - SCM (*Supply Chain Management*, Gestão da Cadeia de Suprimentos): aqui, o foco são os fornecedores;
    - SOA e ASP.

Essas novas funcionalidades têm ramificações. O CRM, por exemplo, abrange *call centers*, *sites* e *e-commerce*. O SCM agrega toda a logística da gestão de materiais, compras, cotações e *e-procurement*.

3. **Suporte e Apoio à Decisão — BI (*Business Intelligence*):**

    BI (*Business Intelligence*, Inteligência nos Negócios): o BI é voltado para os altos executivos das empresas;

    - O suporte e apoio à decisão inclui BI, *data warehouse*, *workflow*, BPM (*Business Performance Management*), BSC (*Balanced Scorecard*) e *data mining*.

4. **A Empresa e o Governo:** A empresa é o objeto que vamos informatizar. Portanto, é preciso conhecer muito bem o seu funcionamento. Já o Governo, é onipresente, mais em alguns paises, menos em outros. Como diz aquela velha frase: você pode escapar de tudo na vida, menos da morte e dos impostos. A influência do Governo na condução e nos resultados da empresa é decisiva.

Outro destaque deste tópico são os exercícios práticos, disponibilizados nos CDs que acompanham o livro *Gestão Empresarial com ERP*: ERPzinho, Jogo do Governo e Jogo de Empresas.

5. **Evolução da Tecnologia e história da Microsiga:** Abordamos a evolução do hardware e do software e a História da Microsiga.

6. **Programação:** Quais os seus princípios, facilidades e dificuldades.

7. **Normas de Qualidade para o Desenvolvimento e Implantação de Software:** Neste capítulo serão apresentados modelos e normas para o desenvolvimento e implantação de sistemas, tais como TQM, ISO 9000, CMMI, MPS, ITIL, PMI, entre outros.

8. **O Estado-da-Arte da TI na Empresa — Um *Case* Real:** Mostraremos o que pode ser feito na prática, com um case bem interessante e atual.

9. **Bate-Bola no Bate-Papo:** 1º Apêndice, serão tratados alguns temas não comentados nos oito Capítulos.

10. **ETA — O *Blog* do Ernesto:** Finalizando, no 2º Apêndice abordaremos o ETA, que embora esteja mais voltado para a qualidade de vida, utiliza a TI, principalmente para divulgação.

Finalmente, em resposta à segunda parte da pergunta, a conversa será desenvolvida procurando sempre simplificar o complicado e não enaltecer o óbvio ululante.

M. As linhas mestras mencionadas são definitivas?
E. Nada em TI é definitivo. Entre todos os ramos do conhecimento humano, possivelmente a Tecnologia da Informação é a que mais rapidamente se desenvolve, se ramifica e se transforma. Alguém poderá dizer que não há fronteiras muito claramente definidas entre as linhas mestras que indiquei. É bem provável que esta pessoa esteja certa. As linhas mestras foram criadas para dar um sentido mais didático a este livro. Além disto, é certo e inevitável que novas tecnologias serão incorporadas e passarão a fazer parte do mundo do ERP futuramente. Neste exato momento, no Brasil ou em qualquer país, alguém está criando algo novo, alguma funcionalidade que, brevemente, teremos que considerar e incluir em uma próxima edição deste livro.

M. Quer dizer que a nossa velha e tão conhecida "sopa de letrinhas", que já era famosa desde os anos de 1980, com os MRP, CCQ, JIT, TQM, até os atuais ERP, CRM, SCM, SOA, ASP, BI e tantos outros, continuará crescendo?

E. Sem dúvida alguma.

M. Finalmente, porque você escolheu para este livro o título: *Um Bate-Papo sobre o Gestão Empresarial com ERP*? O correto não seria Um Bate-Papo sobre a Gestão Empresarial com ERP?
E. Este livro, como dito inicialmente, é uma versão reduzida e coloquial do meu livro *Gestão Empresarial com ERP*, que não é vendido em livrarias, e serve como material didático para os cursos MSA — *Microsiga System Administrator* e TCM — *Technical Certified Microsiga*. Por isto, foi escolhida a palavra bate-papo. Quanto ao artigo 'o', em lugar do 'a', é porque o bate-papo é sobre 'o' livro *Gestão Empresarial com ERP*. À primeira vista parece erro de português, mas não é. A palavra livro está oculta.

M. Neste contexto, o livro *Gestão Empresarial com ERP* seria um material de consulta, de suporte, para acompanhar o que será dito na nossa conversa?
E. O *Gestão Empresarial com ERP* mostra detalhadamente e com simplicidade como todo esse universo funciona e faz com que o aluno pratique e utilize um sistema de ERP real. Já o objetivo deste nosso *Bate-Papo* é ser um simples livro de leitura; para ser lido em algumas horas, numa viagem, no aeroporto, antes de dormir, na piscina... também.

M. Então, além de analistas e estudantes, o público-alvo deste livro pode ser executivos e outros profissionais que não tenham conhecimento tão profundo de TI?

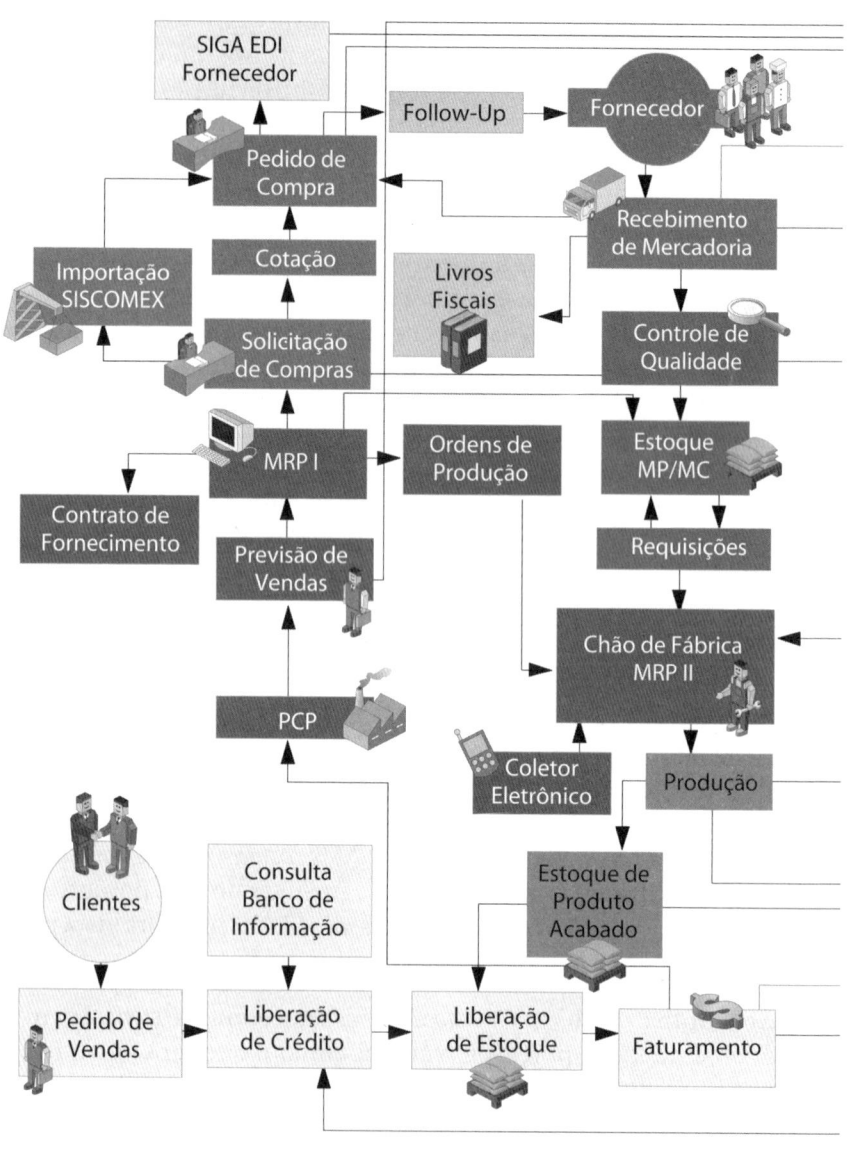

Figura 1 – Fluxograma de um ERP.

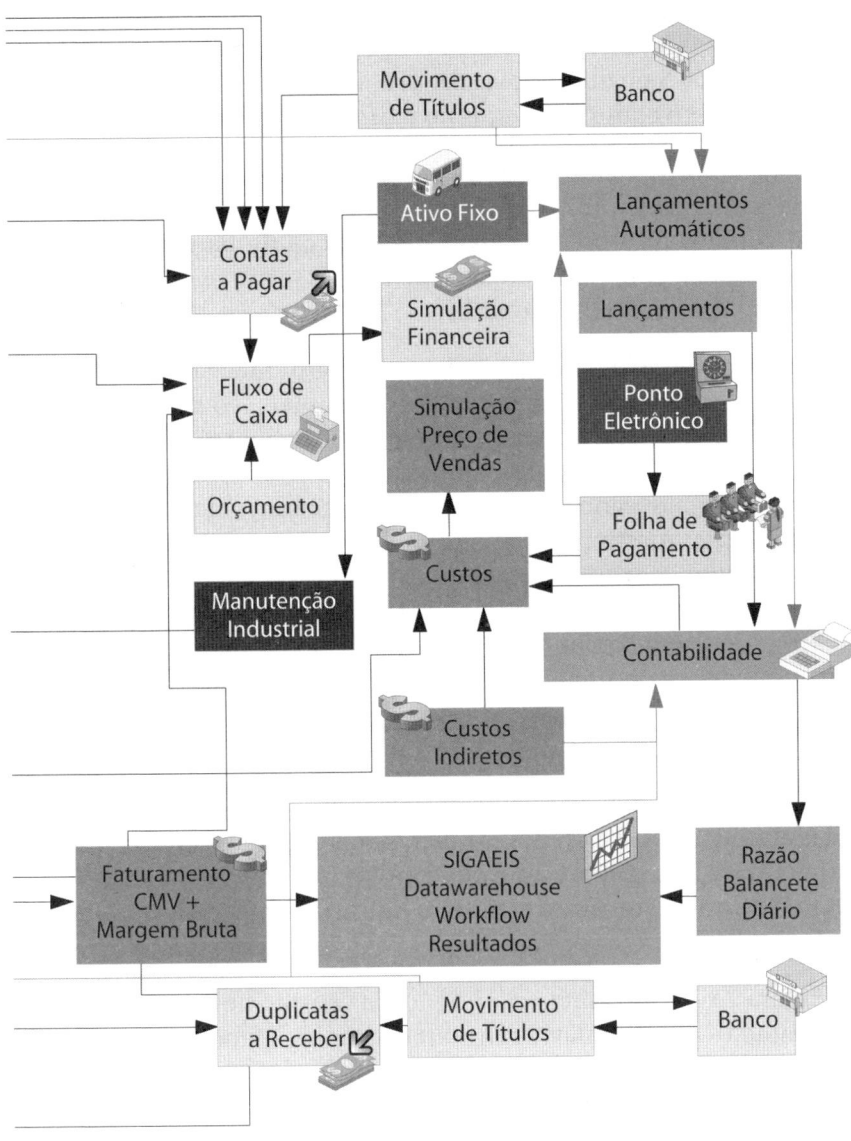

Figura 1 – Fluxograma de um ERP (continuação).

E. Exatamente. A intenção é colocar o foco sobre vários tópicos do ERP e da TI e explicar, de modo simples e objetivo, como tudo funciona e se inter-relaciona. Sem querer parecer pretensioso, este nosso *Bate-Papo* poderá ser visto como um pequeno manual do ERP.

Podemos também incluir no público-alvo as pessoas da terceira idade. Grande parte deste público está hoje muito envolvida com a TI, afinal há um contato direto com caixas eletrônicos de bancos, celulares, câmeras digitais e Internet. Para usar bem esses recursos, o livro também irá ajudar, pois ensina como tudo isso funciona.

Quanto aos profissionais de um modo geral, quero enfatizar que há, muitas vezes, uma resistência a fazer contato com universos diferentes e não conseguir entendê-los. Receiam fazer alguma bobagem, como apagar o conteúdo de um arquivo, prejudicando outras pessoas. Há uma insegurança muito grande. Mas, hoje, todos precisam entender um pouco. É isto que vamos mostrar aqui. Por exemplo, explicaremos que há arquivos físicos gravados com informações e que todos esses dados podem depois ser lidos e processados. Este processamento, por sua vez, depende de um programa com comandos que executam a rotina necessária. Tudo com muito rigor e exatidão. Uma letra trocada e tudo sai errado!

Funcionalidades do ERP

M. Então, mãos à obra. Comecemos pelas funcionalidades do ERP.
E. Elas abrangem as atividades fundamentais de uma empresa, também conhecidas como rotinas administrativas. A Figura 2 mostra o fluxo de um ERP, que se tornou a bandeira de várias empresas de software de gestão.

E. A Figura 2 realça também a tendência da gestão por processos, hoje considerada a última palavra em administração. Acabou aquela divisão em centros de custos. Atualmente, a divisão é por processos, tais como processo de compras, processo de vendas.

Há uma frase que diz: no papel é fácil, quero ver na prática você fazer toda essa integração. E, realmente, é difícil implementar e entender todos os detalhes da integração. Para explicar melhor como tudo isso funciona, criamos uma radiação.

M. Uma radiação de futebol?
E. Sim. Ela vem em um dos CDs do livro *Gestão* e vou mostrar agora.

Eu mesmo fiz a gravação. Tento imitar o Fiori Giglioti, aquele grande locutor esportivo de São Paulo, autor de frases famosas, como: "Abrem-se as cortinas e começa o espetáculo; sai jogando Fabinho, o moço de Pindamonhangaba"; ou ainda, no final do jogo, "Quem ganhou, ganhou; quem não ganhou não ganha mais". A narração era vibrante, emocionante, arrepiava.

A radiação

(Notebook ligado, som de torcida, visual do Ernesto de boné, começa a radiação)

Abrem-se as cortinas, começa o espetáculo e sai jogando o cliente.

Ele faz o pedido de vendas. O jogo promete. É feita a liberação do crédito de forma eletrônica nas principais entidades do mercado. Passa pelo Serasa, passa pelo SPC e aprova o pedido. Vai para a liberação de estoque. Se for pronta-entrega, emite a nota fiscal e despacha a mercadoria para o cliente.

Se for por encomenda, vai para o PCP. É o planejamento e controle da produção. Parte das previsões de vendas e projeta o estoque. Executa o MRP I. É o Material Requirement Planning, o Planejamento das Necessidades de Materiais.

Explode a estrutura. Gera as ordens de produção. Para as matérias-primas, faz as solicitações de compras. Se for produto importado, já integra com o Siscomex. Vê a cotação do dólar. Ele tá subindo mais que rojão em festa de São João. As cotações de compras são enviadas, via Internet, para os fornecedores.

Os fornecedores recebem, dão os preços, as condições de entrega e de pagamento. O sistema negocia, pechincha e obtém o melhor preço. Faz o e-procurement. Emite o pedido de compra e manda para a frente. O fornecedor recebe, sofre dura marcação do follow-up. Planeja, produz, carrega o caminhão e despacha a mercadoria para o seu destino. É o Supply Chain Management, funcionando de verdade.

Vem o recebimento, pega o material, passa pelo controle de qualidade e coloca no estoque de matéria-prima. E olha a integração já sendo feita, em tempo real e automaticamente. Atualiza os livros fiscais, o pedido de compra e inclui o título no contas a pagar. E olha lá, até o lançamento contábil já é feito. De forma automática e inteligente.

O material entra rachando no estoque. Vem a requisição, por trás, rouba a mercadoria, coloca no chão de fábrica. Vem o MRP II. Entra na jogada. É o Manufacturing Resource Planning, o Planejamento dos Recursos da Manufatura. Faz a carga-máquina. Aloca os recursos. Minuto a minuto, operação a operação. Ninguém fica parado. É todo mundo se mexendo. A produção rola macia. Vai entrando no estoque de produto acabado. Tem até coletor eletrônico, controlando o processo.

E tudo sai valorizado e contabilizado. Pelo custo standard e pelo custo real. A depreciação é calculada pelo ativo fixo; a mão-de-obra, pela folha de pagamento e pelo ponto eletrônico. Até os custos indiretos são rateados pela contabilidade.

Volta, agora, o faturamento. Ele tem o produto, prepara, emite a nota fiscal e manda a mercadoria para o cliente. É logística que não acaba mais.

A duplicata vai para o contas a receber. Passa o título para o banco, via CNAB. Ninguém põe a mão na bufunfa. O banco recebe, quita o título, faz o depósito e devolve a informação para o sistema.

E vai enchendo a bola do caixa! É dinheiro que não acaba mais, mas vem o contas a pagar e estraga a festa. Choca-se com o contas a receber e emite o fluxo de caixa.

Tá sobrando, tá faltando. É feita a simulação. Paga, recebe, quita, aplica, financia e resgata.

Compara com o orçamento. E durma-se tranqüilo com um controle destes.

Mas o financeiro não pára. Manda os lançamentos para a contabilidade. Recebe, livre, avança pela direita, sozinha, não tem ninguém na marcação! Passa pelo razão, passa pelo balancete, dá um drible no diário e um chapéu no fiscal. Centra. Na área.

A bola vai na cabeça do SigaEIS — Executive Information System. Vem o data warehouse, faz tabelinha com o workflow, pega os resultados, consolida, sintetiza, analisa e entrega de bandeja para os diretores.

Eles recebem, se reúnem, decidem, analisam... tô sentindo o cheiro do gol, chutou ééééé........gooooool!!!

A torcida explode de emoção, mas....o que houve???

Não, não foi gol, o juiz anulou. O juiz deu lucro, muito lucro para as empresas que usam a solução ERP. E olha lá no placar do Morumbi: Receitas 10 x Despesas 0. É 100% de aproveitamento.

(Fim da radiação)

E. Essa radiação faz um sucesso incrível nas faculdades. Os alunos começam a gritar e se levantam na hora do gol. Ela também está disponível no *site www.certificacaomicrosiga.com.br*. Eu apresentei esse material em uma reunião de diretoria da Microsiga e todos gostaram. Só me chamaram a atenção sobre a parte de impostos. Disseram: "Olha, só que tem o seguinte, Ernesto: há uma parte lá, 'dá um drible no diário e um chapéu no fiscal', que é preciso tirar." Mas eu não tirei. Só aviso, todas as vezes, que é uma brincadeira! Tem também a questão do dólar. No nosso curso mudamos para: tá caindo mais que o ... na tabela de classificação. Dependendo da situação, o ... pode ser São Paulo, Corinthians ou Palmeiras.

M. É muito interessante! Realmente, vendo e ouvindo, a perspectiva é outra.

E. Eu sempre digo aos alunos: quando forem mostrar o CD com a gravação, em casa ou mesmo em uma aula, e o computador não tiver som, é preciso que vocês façam a narração. É por este motivo que o texto está no livro. No começo, quando não havia o CD, eu também fazia ao vivo e a cores!

M. Hoje, durante as aulas, você mostra na tela mesmo.

E. Sim, mas com projetor, em um telão e com um tremendo som. Todos os desenhos e a ilustração geral da narração foram produzidos pela equipe de *e-learning* da Microsiga, em *Flash*.

Enfim, a radiação mostra claramente o que é uma Solução ERP. Sempre, depois de uma apresentação, eu pergunto: alguma empresa possui tudo isso funcionando? Infelizmente, do jeito que é mostrado, são poucas.

M. É mesmo?

E. É evidente que as empresas hoje caminham para uma automação bastante completa e ajudar nesse processo é o objetivo dos cursos do Projeto Microsiga Dá Educação. Sempre afirmo nas apresentações, em tom de provocação e descontração: o grande culpado de não estar tudo funcionando é o analista de suporte. Antigamente era mais comum, porém, ainda hoje, ouvimos mil histórias dramáticas de empresários que se lamentam e dizem que só têm problemas com a informatização em suas empresas.

M. É verdade. Eu ouço isso sempre nos nossos seminários, sempre, sempre, sempre...

E. O analista de suporte é o elo entre a equipe de desenvolvimento do sistema e o usuário final. Aqui temos duas forças incompatíveis. De um lado, o usuário, que sempre quer mais, por menos: mais facilidade, agilidade, simplicidade e, principalmente, aderência aos mínimos detalhes. O problema é que, antes de ter o sistema, o usuário já possuía uma rotina. Na avaliação dele, o sistema deve manter essa rotina, quando, na verdade, ele foi produzido de forma diferente, buscando melhorá-la. De outro lado, o desenvolvedor precisa fazer um sistema eficiente, genérico e, ao mesmo tempo, robusto. Ele precisa seguir regras, colocar disciplina, pensar em segurança e fazer com que qualquer situação seja bem-definida, lógica e exata.

Segurança e transparência

M. Quero lhe fazer uma pergunta. A governança corporativa está na ordem do dia e a Lei Sarbanes-Oxley está se tornando a referência global. Tenho percebido que um dos controles mais necessários para a aplicação da Sarbanes, em qualquer área, é o controle do processo de TI. Como você bem mencionou, a administração de uma empresa, hoje, é toda em cima de processos. A que você atribui a necessidade de controlar, com indicadores específicos, a área de TI?

E. Vou começar com uma frase difícil de nós, profissionais de TI, reconhecermos, mas que retrata a realidade: informática dá "pau" mesmo! É o famoso *bug*. Usando a terminologia da ISO 9000, vivemos num mundo de não-conformidades. Isso acontece porque trabalhamos com elementos muito sensíveis. Imagine: a informação entra no sistema, via rede sem fio — *wireless* —, o computador processa aqueles dados e os grava num meio magnético, geralmente um banco de dados remoto. Enquanto isto, uma série de outros processos roda simultaneamente. Depois, essa mesma informação é recuperada e todo o tratamento, altamente sofisticado, é realizado partindo de milhares de comandos escritos por um programador, um verdadeiro "espaguete" lógico, que praticamente simula o mecanismo do cérebro humano, com seus *"IFs"* e *"Do Whiles"*. Por isso, os sistemas apresentam problemas que, às vezes, apenas são identificados muito tempo depois. Acho que todos nós vivenciamos isso no celular, na Internet, no uso diário do computador.

Uma vez desenvolvi uma rotina para calcular o valor futuro de Letras de Câmbio, baseado na data de emissão e na data de vencimento. Após a emissão, os títulos eram vendidos ao portador. Passados três anos, quando um cliente foi resgatar o papel, percebemos que o valor estava errado. Depois de uma análise mais cuidadosa, descobri que, no meu programa, havia um erro na rotina que calculava os dias entre a data de emissão e de vencimento. Na fase de desenvolvimento não levei em conta os anos bissextos. O resultado era uma diferença de dois a três dias na data de resgate. Considerando os juros de hoje, a diferença poderia ser pequena, porém, naquela época, a inflação era de 50% ao mês! Além disso, as Letras eram ao portador e estavam no mercado, ou seja, nas mãos de pessoas desconhecidas.

Por isso, para evitar problemas como este, todo o processo de desenvolvimento de TI precisa ser bem planejado e controlado. A ISO 9000 ajudou muito. Nós, na Microsiga, conseguimos a certificação ISO em 1996. Hoje, também temos a avaliação do CMMI (*Capability Maturity Model Integration*). A Sarbanes-Oxley também ajuda nesse processo.

Enfim, é necessário, cada vez mais, que os desenvolvedores documentem e elaborem o projeto, anteprojeto, façam análise de requisitos, pesquisas de satisfação, isto é, se preocupem com a qualidade de seus sistemas.

M. Muitos auditores internos das companhias ficam surpresos ao constatar que o próprio processo de TI não pode deixar de ser controlado.
E. Exato. A necessidade de termos uma estrutura de segurança impacta na performance e facilidade de uso dos sistemas. São senhas e mais senhas, textos criptografados, assinatura digital, *firewalls* (proteção), antivírus, controles cruzados, uso de *tokens* (dispositivo que gera números aleatórios validados pelo sistema para permitir a entrada do usuário) e até sensores biométricos, como o reconhecimento digital, pela íris, face ou voz. É preciso entender que tudo isto existe para nos proteger contra *hackers*, vírus, *phishing* (furtar dados), *spywares*

(espionar dados) e contra quadrilhas de sofisticados criminosos que tentam, a cada instante, atacar as bases de dados de bancos e empresas.

M. O objetivo principal da Lei Sarbanes-Oxley é evitar fraudes, correto?
E. Segurança, de um lado, facilidade de uso e alta performance, do outro. Também há a questão da privacidade. De certo modo, o objetivo do ERP é dar informação, ilimitada e detalhada. Porém, a diretoria da empresa fica receosa de que essa informação vaze para pessoas desautorizadas, como concorrentes, ou mesmo para o mercado. Por isso, é preciso criar uma estrutura de segurança. A Sox exige transparência. Hoje, a TI já é fundamental para a gestão de empresas. Podemos dizer que a companhia não sobrevive sem ela.

A nova gestão empresarial

M. Como assim?
E. Basicamente, uma empresa que hoje não tenha pelo menos alguns recursos de TI para atender ao cliente e agilizar os processos perde competitividade. Estamos em tempo de acirrada competição, onde os detalhes fazem muita diferença. No livro *Gestão Empresarial com ERP* relacionamos uma série de perguntas que deveriam ser do conhecimento dos executivos. Nem sempre são. Eis alguns exemplos:

- Qual é o produto mais rentável de sua empresa e qual a sua participação no faturamento total?

- Os preços estão equilibrados com os custos?

- Qual é a variação no consumo de matérias-primas em relação a um padrão préestabelecido?

- Existe um critério para liberação dos pedidos de vendas, especialmente em relação ao crédito?

- As máquinas são alocadas de acordo com um plano que leve em consideração os tempos de produção, a disponibilidade dos recursos e as máquinas alternativas?

- Matérias-primas são compradas de acordo com uma gestão de materiais adequada?

- Qual é o fluxo de caixa das próximas semanas?
- Qual é o lucro da empresa em tempo real?

Em muitos casos os executivos desconhecem as respostas. Alegam não ter tempo e que vivem sempre atrás do prejuízo. Neste contexto, acabam buscando desculpas: é o funcionário que faltou, a matéria-prima que não chegou, o cliente que não pagou, a conta vencida que não dá para pagar. Sempre há uma desculpa.

O ERP proporciona exatamente a facilidade de gestão. O sistema cuida dos detalhes, está sempre atento, registra cada centavo gasto, variações em relação a uma meta estabelecida, verifica se desapareceram itens do estoque, por perda, furto ou falta de controle, enfim, faz o papel do auditor. O Caso do Chaveiro, que tratamos em sala de aula, mostra exatamente esses procedimentos. Aqui no *Bate-Papo*, iremos mostrá-los por meio de um outro *case*, este real, no Capítulo 8.

O ERP apresentou uma trajetória de constante evolução e chegou a um estágio em que resolveu praticamente todos os processos operacionais dentro da empresa. Essas operações formam o que chamamos Funcionalidades.

Em qualquer empresa esse núcleo, descrito na radiação, continua sendo importantíssimo e de difícil implementação. Por isso, nunca se pode dizer que o ERP morreu. Pelo contrário, ele se tornou uma *commodity*.

M. Como assim, são todos iguais?
E. Sim. Hoje, praticamente todo sistema de ERP que há no mercado apresenta as mesmas funcionalidades básicas, que atendem perfeitamente às necessidades da empresa. O diferencial está na implantação, na capacitação, na usabilidade, no suporte, na documentação, na estabilidade, na evolução de novas versões, na flexibilidade, na aderência à cultura de cada país.

Além disso, o ERP está "engordando", com as novas funcionalidades, uso da Internet e maior suporte à decisão. É o EAI (*Enterprise Application Integration*, Integração das Aplicações entre Empresa), um ecossistema que vai do CRM ao SCM, do BI à infra-estrutura. É por isso que alguns já começam a chamar a Tecnologia da Informação de Tecnologia de Negócios.

Figura 2 – Novas funcionalidades do ERP.

Capítulo 2

Novas Funcionalidades do ERP

1ª Entrevista (2ª parte)

M. E como será esta evolução daqui para a frente?
E. Será fantástica. A Internet, a comunicação *wireless*, a integração com a telefonia, os grandes provedores, as verticais, todas essas tendências criam enormes expectativas entre os usuários. Esse novo contexto demanda novas funcionalidades e, conseqüentemente, nos lança mais desafios. Para falar sobre eles, vou começar pelo CRM.

CRM

E. CRM é uma sigla em inglês que significa *Customer Relationship Management*, Gestão do Relacionamento com o Cliente. Trata-se do braço do ERP que liga a empresa ao cliente. O objetivo é retomar aquele conceito de atendimento *one-to-one* que tínhamos antigamente, quando éramos fregueses da lojinha, do armazém da esquina, onde o próprio dono sempre sabia o quanto gastávamos, como pagávamos e quais os produtos de nossa preferência.

Hoje não. Somos simples códigos armazenados em imensos arquivos. Somos tratados como números. Não há individualidade. Sem conhecer o perfil de cada cliente, nos oferecem produtos que, na grande maioria, não nos interessam. Para mim, por exemplo, sempre oferecem Viagra! (*risos*).

M. Chega aqui todo dia!

E. Na verdade, o CRM não vem trazer nada assim de novo. Ele apenas substitui processos. O que antes era manual, com o CRM passa a ser automático. Um exemplo que ilustra claramente esta mudança de processos é a substituição do fax pelo correio eletrônico, pelo *e-mail*. Dizem até que o camarada que inventou o fax foi demitido por *e-mail*. (*risos*).

Estamos vivendo a era da convergência digital. Existe até mesmo um instituto denominado IBCD, Instituto Brasil de Convergência Digital. Temos 32 milhões de micros ligados a redes e 130 milhões de telefones, sendo 30 milhões fixos e mais de 100 milhões de celulares. A convergência digital faz com que o telefone se transforme, com a ajuda dos *call centers*, em um dispositivo integrado ao ERP.

Além de telefone, o celular passa a ser uma estação remota que, futuramente, poderá ter até sua tela projetada na parede ou em holografia, facilitando a visualização. Já possibilita o acesso à Internet e *e-mails*, com aplicativos e jogos, reprodução de músicas, filmes e fotos, agenda, gravador, câmera digital, radinho de pilha (fundamental!), calculadora etc. Brevemente, poderá disponibilizar TV, GPS (*Global Positioning System*). Até cartão de crédito ele irá substituir, ou já substitui.

Este pequeno aparelho, que substituiu e/ou incorpora tantos outros, tem sido chamado pelos mais diversos nomes: dispositivo móvel, *smartphone* (telefone esperto), PDA (*Personal Digital Assistant*, Assistente Pessoal Digital), *handheld,* computador de mão, *pocket PC*, palm ou, simplesmente, celular. Talvez evolua e chegue à forma de um relógio com pulseira, ou seja, incorporado à roupa, ou até mesmo seja implantado em nosso corpo, por meio de um chip.

No que se refere às ferramentas utilizadas no relacionamento com clientes, essas mudanças são verificadas no contato telefônico, que vem sendo substituído pelo *call center*, na mala direta, trocada pelo *web mailing*.

Call centers

M. Mas, as pessoas não querem o contato físico? Há um mundo de pessoas que detestam ser atendidas por uma gravação, às vezes ficam esperando mais do que cinco minutos.

E. Pode ser, muitos *call centers* precisam melhorar. Precisam ser mais integrados com o ERP. Esse atendimento vai desde a pré-venda, ou seja, o primeiro contato com o cliente, aquele *prospect* que pode gerar um novo cliente, até o pós-venda. Todas as etapas de oferta e venda de serviços e produtos envolvem o *call center*.

Como exemplo de pré-venda, podemos citar o supermercado que oferece ao consumidor um cartão para facilitar o pagamento. Qual é a verdadeira intenção do supermercado ao fazer esta proposta? Ele quer cadastrar o cliente e conhecer os hábitos de compra: o que ele consome, em que quantidade e com qual freqüência, como é feito o pagamento, enfim, tudo que os pequenos comerciantes sabem dos fregueses por conta do contato pessoal. Quando surgir um novo produto, um achocolatado, por exemplo, semelhante ao qual ele consome, caberá ao *call center* informá-lo da nova alternativa.

O atendente de *telemarketing*, quando entra em contato com o cliente, tem à sua frente um script monitorado por um programa. A conversa, mesmo quando conduzida por um atendente pouco experiente, possui muito conteúdo, pois ele tem à sua frente todo o seu histórico.

No pós-venda temos o chamado *helpdesk*, para ajudar o cliente que precisa de uma informação adicional. Eu sei que muitas pessoas ainda sofrem quando ligam para o *call center*. Muitos jogam a sua ligação de um lado para o outro, sem solucionar o problema. Porém, cada vez mais, as respostas serão dadas pelo sistema, sem a necessidade de um atendente. Para medir a eficiência do *call center*, um indicador muito utilizado é a percentagem das chamadas que foram atendidas pelo sistema, sem a interferência do atendente.

Imagine um *helpdesk* na delegacia do bairro para agilizar o atendimento. Pelo atendimento eletrônico, o sistema apresenta opções: se viu um roubo, tecle 1, se foi roubado, tecle 2, se houve tiroteio, tecle 3, se foi baleado uma vez, tecle 4, se foi baleado mais vezes, tecle 5, se está morrendo, não tecle nada. De acordo com a situação, o sistema solicita uma simples viatura, um carro de resgate, ambulância ou camburão ou, em último caso, um rabecão do IML (*risos*).

Figura 3 — *Call center* da delegacia.

Trata-se de um exemplo bem humorado, mas é elucidativo. A lógica que há nessa interação entre quem solicita uma informação e o sistema será cada vez mais aprimorada, até atingir um patamar em que a maior parte das respostas será eletrônica; com frases montadas em tempo real, com base em um dicionário de palavras.

Na Microsiga, sempre que se descobre que há uma chamada muito freqüente no suporte, imediatamente gravamos a resposta e colocamos no sistema de *helpdesk* uma pergunta específica para esse problema. A pessoa seleciona a tecla e a resposta é automática. Há um processo de atualização e avaliação deste contexto, para que as respostas, cada vez mais, sejam dadas pelo próprio sistema e de forma eficiente.

Às vezes, até mesmo respostas complexas podem ser desenvolvidas e reproduzidas. Em breve, em vez de teclar uma das opções, bastará apenas falar. Sistemas de reconhecimento de voz já são utilizados em alguns casos, como no serviço de informações 102 da companhia telefônica de São Paulo.

M. Li, recentemente, matéria sobre a Dell Computer, nos Estados Unidos. A empresa teve um problema sério, perdeu mercado, em parte atribuído ao serviço de *call center*, pois o atendimento aos clientes foi terceirizado para outro país. Isso é muito arriscado.

E. Há em andamento um processo fortíssimo de terceirização de *call centers*, transferindo o atendimento para outros paises devido ao custo da mão-de-obra.

M. *Outsourcing* na Índia, por exemplo.

E. Comigo aconteceu um fato interessante, com uma grande empresa. Eu ligava para o *call center* e, depois de tocar inúmeras vezes, o atendimento eletrônico encaminhava a minha ligação para outro ponto, onde também tocava inúmeras vezes e assim sucessivamente. As transferências eram acompanhadas por belas melodias e mensagens reconfortantes. Porém, no final, só restava uma solução: desistir. Quando abandonei o serviço, a gerente me procurou para conversarmos. Eu disse:

— Quem tem um *call center* como o de vocês pode fechar as portas.

Foi um drama. Dias depois, ela me perguntou:

— Resolveu o problema?

— Finalmente, eu resolvi.

— Ah!, que bom!

— Pois é, estou usando o serviço do seu concorrente.

É a vingança pelo mau atendimento.

Sites

M. Além do *call center*, o que mais faz parte do CRM?

E. A comunicação via *site*. Vou lhe dar um exemplo das grandes vantagens: você está procurando uma casa. O corretor de imóveis de uma imobiliária lhe oferece um número limitado de opções, duas ou três casas apenas. Então, você entra na Internet e encontra dezenas de outras ofertas, num piscar de olhos. A partir deste momento, o seu relacionamento com a imobiliária ficou diferente. Se antes você tinha apenas ela como opção, agora você consegue discutir novas alternativas, avaliar as oportunidades oferecidas e buscar o que há de mais adequado para o seu perfil.

Na compra de qualquer outra mercadoria, como um carro, eletrônicos, CDs, livros, a situação é semelhante. Ao comprar um produto você pode levantar todas as informações e saber, de fato, quais são as melhores opções e os preços mais indicados. O Google e outros *sites* de busca ajudam muito nesta pesquisa.

Outro exemplo: você pode saber, via *site*, qual o estágio de uma encomenda ou o seu saldo devedor ou credor em uma empresa. É o ERP integrado ao *site*.

O *site* precisa ser algo mais do que uma simples coleção de fotos e textos. Deve dar condições para que as pessoas se cadastrem e tenham acesso a um fórum de discussão sobre assuntos relacionados com a empresa e importantes para o cliente. Muitos *blogs*, que podem ser considerados uma evolução dos fóruns, estão até sendo criados por executivos, para abrir um canal direto de discussão com os consumidores e outros empresários.

Esse deve ser o objetivo: melhorar o relacionamento com o cliente. Por meio dos *blogs*, os executivos "colocam a cara para bater". Há um espaço para as pessoas opinarem, questionarem e relatarem experiências positivas e negativas com a empresa.

De modo geral, poderíamos até dizer que o *blog* é uma espécie de SAC — Serviço de Atendimento ao Consumidor — mais moderno.

Os *sites* de busca também são cada vez mais utilizados. Além do acesso gratuito a bilhões de informações, oferecem um serviço pelo qual, com o pagamento de uma taxa, a empresa aparece em destaque nas pesquisas, com palavras-chave de seu ramo de atividade. Como diz um professor amigo meu: "Hoje, o importante não é você saber das coisas. O importante é saber onde encontrá-las."

e-commerce

M. E o *e-commerce*?
E. O *e-commerce* é o processo de compra e venda via Internet. Evolui cada vez mais, transformando-se em uma forma corriqueira de compra. O intermediário, o atravessador, o cambista, estão com seus dias contados.

Em todos os meus cursos ou palestras, sempre procuro conhecer a experiência do público com as compras *on-line*: alguém aqui já teve problema com uma compra eletrônica? Deixou de receber a mercadoria? Foi debitado indevidamente? Comprou "gato por lebre"? Em todos os casos, é muito difícil alguém mencionar um problema.

Sempre conto aquele caso do sujeito que encomendou uma *pizza* via Internet e, na hora de finalizar a operação, a conexão caiu. Resultado: ficou sem a *pizza*. Porém, passados 15 dias, estava ele em casa, assistindo televisão, quando toca a campainha. Ao atender, um motoqueiro pergunta:

— Foi daqui que encomendaram uma *pizza*?

— Sim, mas há 15 dias. O seu sistema deve ter recuperado a informação com muito atraso, respondeu ele.

E devolveu a *pizza*, pois já havia jantado (*risos*).

O *e-commerce* tem evoluído muito e vai crescer ainda mais. Quem faz *e-commerce* não pode pensar em simplesmente eliminar os estoques, viver às custas do fornecedor. O criador da Amazon, Jeff Bezos, percebeu isso. Ao contrário de muitos *sites* de *e-commerce* que acabaram saindo do ar, ele conseguiu vencer. Você sabe qual foi o "pulo do gato"?

M. No início, ele não tinha estoques, mas, depois, criou armazéns, moderníssimos.
E. Sim. Para fazer *e-commerce*, é preciso muito mais do que ser um mero intermediário que recebe um pedido, compra a mercadoria e a repassa ao cliente. Assim como na loja física, é preciso ter a mercadoria para depois comercializá-la. O segundo "pulo do gato" é a logística de distribuição. A Amazon conseguiu unir estas duas condições com um eficiente sistema de cobrança, realizado em parceria com os bancos e as empresas de cartões de crédito. Para garantir o sucesso, soma-se à eficiência o marketing, muito marketing.

M. Se é preciso manter estoques, quais seriam as vantagens do comércio eletrônico?
E. Além de reduzir o ciclo de vendas, com diminuição de custos, a empresa consegue reunir dados de todos os clientes. Essas informações, se bem utilizadas, valem ouro. Além de saber quem comprou, consegue-se saber o que foi comprado, como foi realizado o pagamento, localização geográfica etc.

Conhecido o perfil do cliente, pode-se oferecer outros produtos e serviços apropriados. A tendência é, cada vez mais, os *sites* de venda oferecerem, efetivamente, a melhor oferta aos clientes. Eles vão oferecer o melhor produto para o seu perfil, com o melhor preço. Há *sites* como o Bondfaro, por exemplo, que apresentam sugestões de vários outros *sites*. É como se você estivesse numa exposição, olhando e avaliando várias empresas, para optar por aquela que apresente o melhor custo-benefício.

Hoje temos várias formas de *e-commerce*: os grandes portais, como Submarino, Lojas Americanas, e os *sites* de empresas que vendem apenas os próprios produtos. É isto que chamamos B2C (*Business to Consumer*, Empresa para Consumidor).

M. Se eu quiser vender algo pela Internet, fora dos grandes *sites* como e-Bay, por exemplo, há alguma alternativa?
E. Sim. O Mercado Livre é um dos *sites* brasileiros que merece destaque. Pelo *site*, qualquer pessoa pode vender ou comprar qualquer produto, até mesmo os filhotes da sua cachorrinha. No Mercado Livre, tem de tudo. Outro dia localizei uma iguana à venda. Mas, não se esqueça de colocar o preço! Alguns *sites* realizam leilões eletrônicos e, sem o preço, você pode ser obrigado a entregar o produto por um valor ínfimo. Este é o C2C (*Consumer to Consumer*, Consumidor para Consumidor).

M. O que mais temos neste campo?
E. Há outros formatos. O *market place* é um exemplo: várias empresas de determinado segmento se juntam em um único *site*, fazendo suas ofertas. Podemos dizer que o Google e outros *sites* de busca substituíram este formato.

Além de produtos, também há a oferta de serviços. Os cartórios estão prestando serviços pela Internet, principalmente emissão de certidões. Há também o acesso a jornais e revistas, em formatos eletrônicos; compra de ingressos para cinema, shows e teatro; passagens aéreas e reservas de hotel. Enfim, hoje, é possível adquirir praticamente tudo sem sair de casa.

Vale destacar, é claro, que o *e-commerce* nunca deve substituir as vendas físicas. Ele deve ser um complemento, uma opção a mais para facilitar o dia-a-dia do consumidor.

No curso, fornecemos ao aluno um sistema de *e-commerce* gratuito. O objetivo é que eles o implementem nas empresas em que trabalham. De forma simples, é preciso apenas cadastrar os produtos, de preferência com fotos, para que os clientes possam visualizá-los e adquiri-los pela Internet. No *site www.erpzinho.com.br* é possível conhecer uma amostra deste sistema.

SCM

M. Fale agora das outras novas funcionalidades do ERP.
E. Vamos olhar para o lado do fornecedor. O SCM (*Supply Chain Management*, Gestão da Cadeia de Suprimentos (Figura 4) é uma evolução do sistema de compras que, por sua vez, começa com a identificação da necessidade de um item de estoque. A demanda é detectada por meio do ponto de pedido ou de ressuprimento, previsão de vendas ou solicitação específica digitada no sistema.

O sistema envia a solicitação de cotação para os fornecedores que disponibilizam o produto e, pela Internet, buscará as alternativas de compra. Existe aí um processo de conectividade complexo, pois cada fornecedor tem seus próprios códigos de produtos, suas próprias condições de pagamento, enfim, um conjunto de regras diferentes. Não há, ainda, uma padronização, embora algumas entidades já estejam trabalhando neste sentido. O próprio XML e os *web services*, dos quais falaremos mais tarde, colaboram na viabilidade deste processo. É isto que chamamos B2B (*Business to Business*, Empresa para Empresa).

De qualquer forma, há de chegar o dia em que o envio da solicitação de cotação, a resposta, a seleção da mais indicada, o envio do pedido de compra, a separação, a expedição e a entrada do produto (ou, se for o caso, a geração da ordem de produção) serão feitos por um conjunto de mensagens trocadas pelos sistemas, independentemente de sua plataforma, sem a intervenção humana. O processo se completa com a nota fiscal eletrônica e com toda a logística de transporte, inclusive otimização de rotas. No caso de entrega física, a qualquer momento é possível monitorar onde está o caminhão ou outro meio de transporte, prever a hora de chegada, os motivos dos atrasos. Na verdade, isto já é realidade entre as grandes redes de supermercados, entre as montadoras de veículos e seus fornecedores e concessionárias, além de alguns outros segmentos.

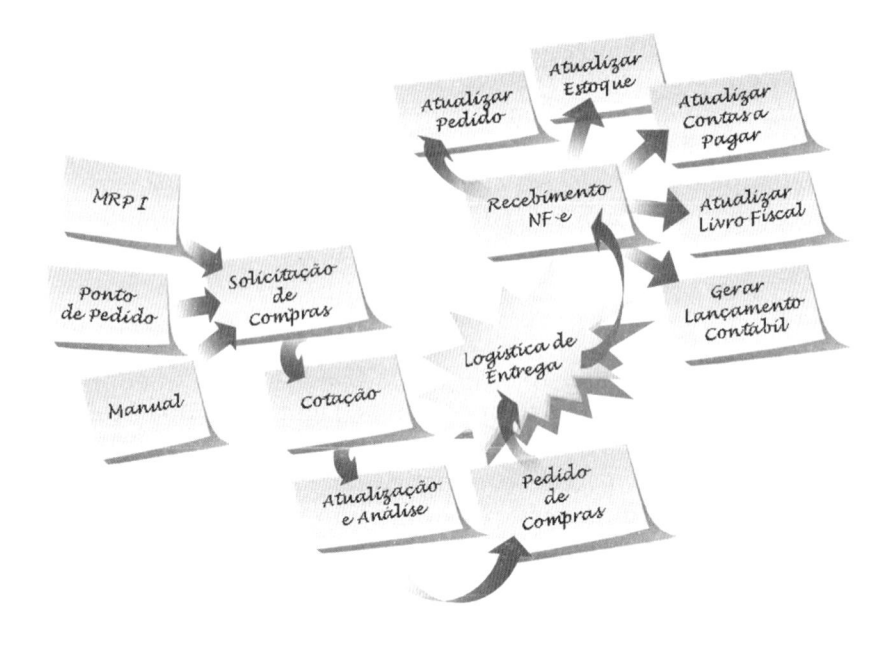

Figura 4 — Supply Chain Management.

M. Como fazem as demais empresas?
E. Em alguns casos, utilizam EDIs — empresas especializadas em Electronic *Data Interchange*, Intercâmbio Eletrônico de Dados —, que fazem as conversões necessárias entre clientes e fornecedores, cobrando uma tarifa ("pedágio") por este serviço.

Há também *sites, serviços* e *softwares* que fazem a compra para você. Por exemplo, o Portal de Compras da Lecom faz todo o *e-procurement*. Hoje, esse tipo de processo está bem inteligente, analisando as condições de entrega, de pagamento, qualidade do produto, devoluções, para cada um dos fornecedores selecionados. Posteriormente, o cliente recebe o resultado da análise que levou à melhor decisão de compra da empresa.

Compras públicas também são feitas pela Internet. Em 2006, o Governo Federal economizou R$ 1,8 bilhão (de um total de R$ 11 bilhões) com o portal *ComprasNet.gov*. O pregão eletrônico funciona como um leilão reverso, no qual a disputa ocorre com o envio sucessivo de lances pela Internet. A venda é concluída com o fornecedor que apresentar o menor preço. Atualmente, mais de 60% das compras federais são feitas desta maneira. Os estados também estão seguindo esta tendência. Vale ressaltar que a empresa deve se credenciar para poder participar dos leilões. Somente empresas com qualidade comprovada são credenciadas.

M. Parece-me que há uma área nebulosa entre *e-commerce* e *e-procurement*, com alguma superposição. Poderia explicar?
E. Na verdade, tudo é *e-business*. Cada vez mais, todo o processo de negociação de compra e venda entre empresas será feito via Internet. O *e-procurement* é um processo mais sofisticado, pois envolve o ponto crucial, não contemplado no *e-commerce*: a seleção automática da melhor oferta.

SOA

E. Nessa constante evolução da tecnologia, algo muito interessante é o *web service*. Como o próprio nome diz, trata-se de um serviço prestado via Internet. Na prática, dois sistemas de empresas diferentes se relacionam, por meio do envio e recepção de mensagens. Para exemplificar, de forma rápida e fácil: os serviços de avaliação de crédito utilizam o *web service*. Uma empresa recebe um pedido de cliente novo e deseja saber se ele paga direitinho. O sistema envia o CPF ou o CNPJ desse cliente a uma instituição de crédito, como Serasa, SPC ou outras. O sistema da instituição recebe as informações, consulta em seus arquivos o histórico da pessoa física ou jurídica e, usando uma metodologia de análise de crédito, informa se aquele cliente potencial é idôneo. O sistema de coleta de pedidos ou de faturamento da empresa que fez a consulta recebe as informações e aprova ou não o pedido do novo cliente. Essa empresa, no final do mês, receberá uma fatura de cobrança pelos serviços prestados. A transação entre as duas companhias envolvidas foi concluída sem a intervenção de qualquer atendente. Mesmo se um operador quisesse burlar o sistema, dificilmente conseguiria. Tudo isso foi realizado em poucos segundos.

Isso foi possível, em parte, graças a um novo formato de arquivo, denominado XML (*eXtensible Markup Language*), que é um formato padrão de envio de dados (Figura 5). O XML criou o que chamamos *tag*, no início e no final de cada campo. Cada *tag* é cercada pelos sinais de menor e maior. De modo geral, esta *tag* é o nome do campo. Enviamos um conjunto de campos em cada mensagem. A vantagem é que não precisamos enviar todos os campos, somente os necessários para cada transação específica.

```
                 TAG de Fim
    TAG de Início
<Nome>Fulano de Tal</Nome><Telefone>6203-4587</Telefone>
            Nome                              Telefone
```

Figura 5 — Exemplo de XML.

O mecanismo de troca de mensagens entre sistemas é que possibilitou a *Service Oriented Architecture*, Arquitetura Orientada a Serviços, conhecida pela sigla SOA. Cada sistema, ou melhor, cada componente, não importa onde esteja localizado, recebe e presta serviços a outros componentes, como será visto no Capítulo 6 — Programação. Mesmo com a facilidade de troca de mensagens, é necessário existir conectividade entre os sistemas, que pode se resolvida pelas EDIs ou, de forma mais avançada, por ferramentas ESB (*Enterprise Service Bus*, Interface de Serviços entre Empresas), onde se configuram as regras de conversão.

ASP

E. Vamos concluir este capítulo falando sobre ASP (*Application Service Provider*, Provedor de Serviços Aplicativos). Também é uma forte tendência, retornando a padrões antigos, da época dos mainframes. São grandes *data centers*, centros que reúnem máquinas bastante robustas e seguras. Empresas como Totvs, Telefonica, Embratel, possuem estes *data centers* e os disponibilizam aos clientes, que em vez de terem servidores próprios, necessitarão apenas estações de trabalho. Via Internet, os *data centers* são utilizados como uma espécie de bureau de serviços e, com isso, conseguem reduzir os custos das empresas.

Futuramente, esses serviços passarão a ser uma utilidade, como hoje são o telefone, energia elétrica e consumo d'água; pagaremos determinada taxa pelo uso que fizermos da TI — desde o uso do hardware à utilização de aplicativos, ERP incluso.

M. Como será paga essa taxa?

E. O *data center* informará o tempo despendido com processamento, o espaço usado no armazenamento de dados e a licença de uso de softwares. Na sua empresa você só terá as estações. A idéia do ASP, na verdade, é reduzir a infra-estrutura das empresas.

E toda esta evolução que vimos aqui desemboca no BPO (*Business Process Outsourcing*, Terceirização do Processo Administrativo): terceirização da contabilidade, do RH, da gestão financeira, do *call center*, enfim, todo o controle administrativo. A empresa confia estas tarefas a quem é especializado e concentra todo o seu esforço no que mais lhe interessa: no seu *core business*, no seu negócio, na sua estratégia.

M. Pois é, cada macaco no seu galho...

E. Tem a história daquele sujeito que depois de sofrer por mais de meia hora no dentista, devido à cratera aberta, com aquele motorzinho irritante, num dente "bichado", ouve a pergunta do Doutor:

— É aí, meu jovem, a obturação vai de amalgama, porcelana ou resina sintética?

O paciente se levanta, irado, senta na cadeira e responde questionando:

— Mas afinal, quem é o especialista aqui? (*risos*).

Capítulo 3

Suporte e Apoio à Decisão —
BI (*Business Intelligence*)

2ª Entrevista

M. Ernesto, na última entrevista falamos de ERP, CRM, SCM. Qual é o assunto de hoje?
E. Depois de citar todas essas tecnologias e funcionalidades do ERP, chegamos ao *Business Intelligence*, mais conhecido como BI. O BI é voltado para os altos executivos das empresas. O BI é a ponta do iceberg de uma Solução ERP e tem muito a ver com DSS (*Decision Support System*) — metodologia que, como o próprio nome diz, dá suporte ao processo decisório. Para executivos e administradores de empresas, o BI é o que realmente interessa, pois proporciona o suporte e o apoio necessários à tomada de decisões.

De modo geral, podemos classificar o BI como uma evolução de todas as possibilidades de consultas que um ERP oferece. No passado, era muito difícil vermos um executivo à frente de um computador. Era praticamente consenso que o primeiro escalão da companhia não deveria operar computadores. Pensava-se: a entrada e saída de dados são responsabilidade do pessoal burocrático. Além disso, as consultas eram muito lentas, muito detalhadas, pouco dinâmicas e pouco flexíveis. Assim, os executivos recebiam apenas os principais relatórios solicitados e trabalhavam com base nestas informações. Ainda há executivos que agem desta maneira: usam o computador apenas para ler *e-mail* ou as últimas notícias nas páginas gratuitas.

O BI, principalmente com a ajuda do Windows, veio facilitar esse processo de consulta e, conseqüentemente, integrar o executivo à tecnologia. Por meio do BI, a Solução ERP consegue fornecer informações relevantes com rapidez, sem um irritante "prazo de entrega". Em segundo lugar, o BI é muito flexível no levantamento das informações.

M. Isto está relacionado com o que os norte-americanos costumam chamar de *friendly*?
E. Exato. *Friendly* é a terceira característica do BI e significa, neste caso, fácil de usar; ou usabilidade, como dizem os técnicos. Neste aspecto, o Windows novamente ajudou muito. Todo o procedimento de definir ou alterar uma consulta pode ser feito sem apelar para um programador.

M. É correto usar a palavra amigável em português?
E. Sem dúvida. Amigável significa fácil. Resumindo, são três os objetivos do BI: rapidez nas consultas, flexibilidade e facilidade de uso, ou amigável. Há pessoas que dizem que o Windows proporcionou toda essa "frescura" de oferecer gráficos coloridos e superenfeitados para ilustrar as estatísticas da empresa. Apesar dos comentários, esse "floreamento" é muito interessante e positivo para quem faz as consultas. Pode-se dizer que uma das finalidades do BI é mostrar dados sob a forma de gráficos e tabelas.

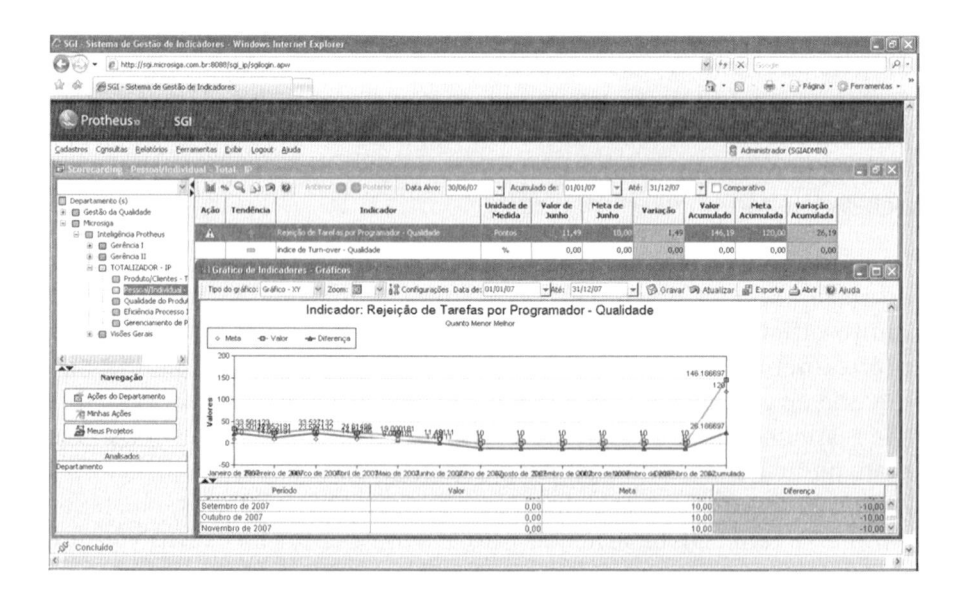

Figura 6 — Gráficos amigáveis.

M. Quais são os componentes do suporte e apoio à decisão?
E. BI e *data warehouse*, *workflow*, BPM, BSC e *data mining*.

Data warehouse (DW)
E. Como precisa ser rápido, o BI trabalha com uma base de dados própria, em lugar da base operacional. A essa base de dados dá-se o nome de *data warehouse*, que significa armazém de dados. Os criadores desta tecnologia foram Bill Ilmnon e Ralph Kimball. Porque se utiliza o *data warehouse* e não a base operacional?

Primeiro, porque o DW, muitas vezes, contém informações que não estão na base operacional. Exemplo: utilizar informações históricas, como uma longa cadeia de dados de 10 ou 15 anos, mostra melhor uma tendência; conseqüentemente, a tomada de decisão tem como base uma amostra mais confiável. Se fôssemos manter esse enorme volume de dados históricos na base operacional, o processamento se tornaria mais lento. Por isto, eles são segregados no *data warehouse*.

Outras informações que, normalmente, não existem na base operacional são as relativas à concorrência e ao mercado. Essas informações, obtidas com muita riqueza e facilidade via Internet ou em bases paralelas, também são acrescentadas ao *data warehouse*.

O segundo motivo para utilizar o DW é que nele se permite a redundância de dados. Utiliza-se uma técnica denominada *Star Schema*, desenvolvida por Ralph Kimball: gravam-se, de forma repetida, os indicadores de acordo com o número de dimensões existentes, mesmo nos níveis sintéticos, como explicado adiante. Isto faz com que, às vezes, o *data warehouse* ocupe mais espaço do que a própria base operacional. Em compensação, ele não trabalhará com índices ou classificações, que é a forma — mais lenta — utilizada nas bases operacionais, quando é solicitada determinada seqüência de leitura dos dados. É o sacrifício de ocupar mais espaço para obter alta velocidade. Não existe almoço grátis.

ETL (Extract, Transform and Load)
E. O processo de criação e atualização do DW recebe o nome de ETL (*Extract, Transform and Load*), que significa: Extrair os dados da base ERP e de outras bases existentes na empresa ou externas; Transformar esse conjunto de dados em um mesmo padrão, uma vez que as informações extraídas podem estar, por exemplo, em unidades de medida diferentes, como quilos, libras etc.; e Carregar (**Load**), que consiste em trazer esses dados para o DW.

Por conta da quantidade de dados, a carga inicial normalmente é lenta. Na seqüência, o processo torna-se bem mais rápido, uma vez que iremos apenas atualizar as informações de acordo com as necessidades e exigências dos executivos, seja a cada dia, a cada período (manhã e tarde), a cada hora, ou seja, o suficiente para uma boa tomada de decisão.

Dimensões, indicadores e drill-down/drill-up

E. Dimensões, já referidas, são a forma, a seqüência como estes dados são apresentados. Ao analisar os dados do faturamento da nossa empresa, por exemplo, queremos saber quanto faturamos por período, por região, por produto, analítica e sinteticamente. A dimensão pode ser:

- Temporal, que informa o quanto faturamos por ano, mês, quinzena, semana ou dia;
- Geográfica, quanto faturamos no exterior, no Brasil, em cada estado, cidade, bairro, chegando até o cliente. É possível que este último detalhamento só exista na base operacional. Nesse caso, o BI irá acessá-la automaticamente;
- Por produto: classe, nível, tipo etc.;
- Outros.

Podemos ter um grande número de dimensões. Todas as possibilidades desejadas, porém, devem ser especificadas pelo usuário na fase de planejamento e montagem do d*ata warehouse*. Caso contrário, ao pedir determinada dimensão não prevista, aquela tão falada e enaltecida flexibilidade não se concretizará. É melhor pecar por excesso do que se lamentar futuramente.

Indicadores são os números apresentados: valor do faturamento, custo das mercadorias vendidas, comissões de vendas, impostos são os exemplos mais comuns. Muita gente, quando fala em BI, só pensa em faturamento. No entanto, não é apenas para acompanhar o faturamento que o BI é interessante. O sistema pode e deve fornecer dados referentes à contabilidade, departamento financeiro, RH, estoque, mercado e, também, o perfil dos clientes: idade, sexo, classe social, preferências etc.

O *drill-down* (*drill*, em inglês, significa furar) é o detalhamento dos indicadores segundo qualquer dimensão. Do faturamento por estado pode-se, por exemplo, solicitar o detalhamento das vendas de qualquer estado por mês, vendedor, produto etc.

Toda essa agilidade permite ao executivo mudar facilmente os indicadores e as dimensões, fazer os chamados *drill-downs*, ou seja, "brincar" com os dados. Cria-se um cenário que o leva a "perceber" melhor o universo de informações da empresa, induzindo-o a um processo de tomada de decisão mais coerente. Aqui, o BI está cumprindo a missão de alertar o executivo. É como se o sistema dissesse: olha, eu lhe dei a informação rápida e precisa. Agora, faça alguma coisa!

O *drill-up* é o processo inverso. De um indicador específico, como vendas por estado, o sistema fornece o total do país.

O conjunto de informações ainda permite filtrar dados, criar *rankings* e alertas. Exemplos:

- Filtrar dados acima de determinado valor, dados entre duas datas ou selecionar produtos;
- Classificar os indicadores em ordem ascendente ou descendente (*rankings*);
- Destacar em vermelho ou outra cor os números que fujam de padrão ou meta estabelecido (alertas).

M. Imagino que haja um momento em que seja preciso focar a informação, para a pessoa não se perder. Às vezes, diante de tantos dados, ela pode não saber por onde começar. Correto?
E. Exatamente. Se eu colocar na sua frente um mundo de informações, você talvez não saiba extrair os fatos relevantes. Ficará perdido. Podemos dizer que será "muita areia para o seu caminhão" ou muita informação para a sua cabeça. Por isso, vamos falar agora sobre o *workflow*.

Workflow

E. *Workflow* é o desenho do fluxo dos processos e tem como um dos objetivos indicar quando deve haver uma ação ou tomada de decisão. É neste ponto que o processo emperra. A Figura 1, mostrada no Capítulo 1, antes da radiação, é um *workflow*.

A Solução ERP, a cada segundo, recebe informações e alimenta bases de dados que serão posteriormente exibidas ao executivo por meio do BI. Porque não fazermos com que a informação que acabou de chegar e que provocou a necessidade de uma ação seja repassada imediatamente ao executivo, sem que ele precise acessar o sistema? O *workflow* cumpre essa missão, enviando um *e-mail* ou mensagem eletrônica, informando que algo relevante acaba de acontecer e que é preciso tomar uma atitude. O ERP torna-se proativo. Ele vai até você, você não tem que ir até ele.

O *workflow* pode ser operacional ou gerencial. O *workflow* operacional refere-se ao dia-a-dia: por exemplo, aprovação de pedido de compra ou venda, pagamento de títulos, autorização de férias, de viagens. A forma como o executivo recebe o *e-mail* ou a mensagem é irrelevante: via *Outlook, palm,* Messenger, telefone celular. O executivo pode estar em qualquer lugar e receber a mensagem.

Se, por qualquer motivo, ele não responder em determinado prazo, o sistema encaminha a mensagem ao seu substituto, e assim sucessivamente, até que cheguem ao sistema a confirmação de recebimento e a tomada de decisão. Assim, a empresa ganha muita agilidade, pois todos os problemas são imediatamente resolvidos, não importando hora ou lugar. É evidente que isso aumenta o *stress* dos executivos. Mas, afinal, eles ganham — e bem — para isso! (*risos*).

O *workflow* gerencial é ainda mais interessante e trata de situações específicas, onde o executivo poderá tomar uma atitude rapidamente. Por exemplo, uma mensagem relativa a meta de vendas atingida, com possibilidade de premiação no ato. O executivo tomará essa decisão onde estiver e o vendedor, que acabou de fechar o negócio, ainda no cliente, recebe o *e-mail* da gratificação.

Pelo sistema tradicional, sem o *workflow*, o recebimento da informação e a definição e envio da premiação aconteceriam apenas no final do mês. Em situações como essa, onde fica a motivação? Cadê aquela sensação, que é a coisa mais importante numa premiação: o impacto, a surpresa e a satisfação da pessoa premiada?

É claro que o *workflow* gerencial não trata apenas das boas notícias. Poderá informar, também, a queda de produção na fábrica, solicitações de compra que superem o *budget* (orçamento), perdas acima de determinado padrão, vendas canceladas. Em todos os casos, as respostas e as ações devem ser imediatas.

Há o caso interessante de um diretor que pediu para ser avisado todas as vezes que alguém de seu setor chegasse atrasado pela terceira vez na mesma semana (o ERP fornece esta informação).

— Não vou perdoar, dizia ele.

De repente, acontece um fato inusitado. Estava ele, às 15h30, em plena sexta feira, num motel, quando seu *palm* sinalizou a chegada de um *e-mail*: sua secretária está atrasada pela terceira vez esta semana. Favor tomar providências. Ele não teve dúvidas. Olhou para o lado e disse:

— Sinto muito, você está demitida.

Isto sim é que é agilidade! (*risos*).

BPM

E. Ferramentas como o *data warehouse* e o *workflow* fazem com que os executivos se tornem mais eficientes e eficazes na administração da empresa e, principalmente, no acompanhamento e medição do desempenho da companhia. Esse conjunto de informações nos remete ao conceito de BPM (*Business Performance Management*, Gestão da Performance da Empresa): números exatos, lógicos e bem definidos, em oposição a práticas subjetivas, baseadas em opiniões.

A apresentação dos dados é feita em painéis de gestão, que mesclam indicadores, gráficos, tabelas, notícias da empresa e da mídia, normalmente colocados em portais na Internet.

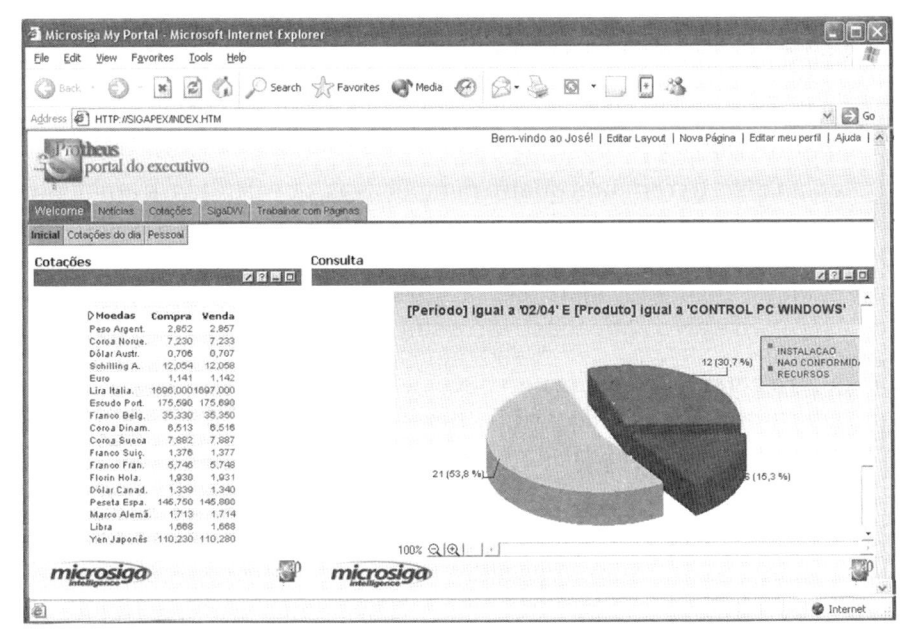

Figura 7 — Painel de gestão.

Suporte e Apoio à Decisão

Com a mesma sigla, o BPM também é conhecido no mercado como "*Business Process Management*", e neste caso mais perto do *workflow*, pois tem como foco mapear e desenhar os processos internos das empresas de forma gráfica e intuitiva.

BSC

M. Como se faz esta Gestão da Performance da Empresa? Cada empresa pode ter o seu próprio critério?

E. Surgiram no mercado várias correntes, cada uma medindo a performance do negócio de uma forma diferente e, normalmente, baseada apenas nos aspectos financeiros. Coube aos cientistas Robert S. Kaplan e David P. Norton escreverem uma coleção de livros (um dos quais denominado Mapas Estratégicos) e introduzirem um novo conceito, o *Balanced Scorecard* (BSC), hoje globalmente reconhecido. O BSC tornou-se padrão mundial e levou os executivos a agir de forma homogênea. O conceito ajuda também o *benchmarking*, permitindo que a comparação entre empresas seja feita com critérios semelhantes.

Pode-se dizer que o BSC contempla dois tópicos importantes: padronização de indicadores e indicadores intangíveis, em lugar de indicadores exclusivamente financeiros, facilmente identificados nos balanços contábeis.

As quatro perspectivas

E. Kaplan e Norton criaram quatro perspectivas, que definem o ambiente de uma empresa. Para cada perspectiva são estabelecidos objetivos. Para cada objetivo são estabelecidas metas, que precisam ser controladas e medidas. Para medir cada meta são definidos indicadores, com prazos de execução e alvos que mostram a sua posição.

As quatro perspectivas são: perspectiva financeira, perspectiva cliente, perspectiva processos internos, perspectiva aprendizado e conhecimento dos colaboradores.

A perspectiva financeira é tradicional. No meu livro *Introdução à Análise de Sistemas*, escrito em 1969, já havia uma lista bem completa destes indicadores. São números baseados no balanço da empresa, como: retorno sobre o investimento, lucro sobre vendas, margem bruta, liquidez, inadimplência, giro do estoque, passivo sobre ativo, ativo sobre exigível, patrimônio sobre ativo. Hoje, o EBITDA é o indicador preferido dos gestores de companhias de capital aberto. Todos esses indicadores definem a performance da gestão da empresa, ou seja, mostram se ela caminha bem ou não, do ponto de vista econômico e financeiro.

A segunda perspectiva é a do cliente. Ela parte da premissa de que o cliente é o rei e precisa sempre estar satisfeito para ser fiel. A empresa não pode perder faturamento devido à insatisfação ou perda de um cliente. Todos os integrantes da empresa, do presidente ao porteiro, incluindo o pessoal administrativo e de produção, devem ter um só objetivo: satisfazer o cliente. Apesar de ser difícil medir com precisão a satisfação, não é tarefa impossível. Os indicadores, neste caso, são intangíveis.

A ISO 9000 ajuda nesta questão de métricas, de medição de intangíveis, por meio de ações como procedimentos definidos, criação de SAC (Serviço de Atendimento ao Consumidor), envio de questionários e pesquisas telefônicas. Com estas ferramentas consegue-se medir e acompanhar o nível de satisfação dos clientes e analisar a sua evolução por meio de indicadores como: número de reclamações mensais, volume de devoluções, visitas de clientes que não reverteram em vendas, clientes que entraram na loja e não foram atendidos, retornos de clientes, recuperação de clientes perdidos.

A terceira perspectiva são os processos internos. Aqui a empresa é vista como uma caixa preta. Uma caixa com recursos, pessoas, máquinas, estruturas, onde o cliente quer adquirir um produto ou um serviço e ser bem atendido. Estes processos internos terão que cumprir prazos, apresentar custos razoáveis, assegurar a qualidade e garantir a oferta daquilo que o cliente quer, sempre buscando atender às suas necessidades e expectativas. Todos esses processos internos, evidentemente, têm que ser eficientes. De preferência, devem ser os melhores do mercado ou, pelo menos, estar próximos disso. Exemplos de indicadores de processos internos: relação custo próprio/custo do concorrente, prazos de entrega, defeitos detectados na produção ou durante o prazo de garantia, *recalls*, utilização da Tecnologia da Informação em percentual acima dos 27,6% mencionados no início do Capítulo 1 etc.

A quarta perspectiva refere-se às pessoas. Durante muito tempo as pessoas foram consideradas simplesmente funcionários encarregados de cumprir determinadas tarefas obrigatórias. Para ser um funcionário exemplar, o mais importante era não faltar, chegar e sair na hora, ficar até mais tarde quando necessário e obedecer rigorosamente às normas e aos procedimentos. Hoje, há o enfoque do relacionamento humano: motivar o funcionário, fazer com que ele participe da empresa. A própria co-gestão, tão enaltecida por Ricardo Semler em seu livro *Você está Louco!*, faz parte desse processo. É preciso que o funcionário tome decisões, ajude no fortalecimento e no crescimento da empresa. Antigamente, era apenas um "funcionário". Depois, passou a ser chamado de "colaborador". Agora, a palavra-chave na Totvs é "participante".

Para que o funcionário se transforme em participante é preciso estar capacitado, ser treinado, estar satisfeito e motivado. A ferramenta que ajuda na medição dos indicadores da perspectiva aprendizado e conhecimento dos colaboradores é o KM (*Knowledge Management*). Como o próprio nome diz, trata-se da Gestão do Conhecimento. Por meio do cadastramento completo, a empresa sabe e acompanha as habilidades de cada funcionário, ops, desculpe! de cada participante! Com essas informações, ela conhecerá o potencial de cada um, poderá administrar melhor a substituição do pessoal, traçar planos de carreira e treinamento mais eficientes. Uma forma é fazer os cursos do nosso Projeto Microsiga Dá Educação! (*risos*).

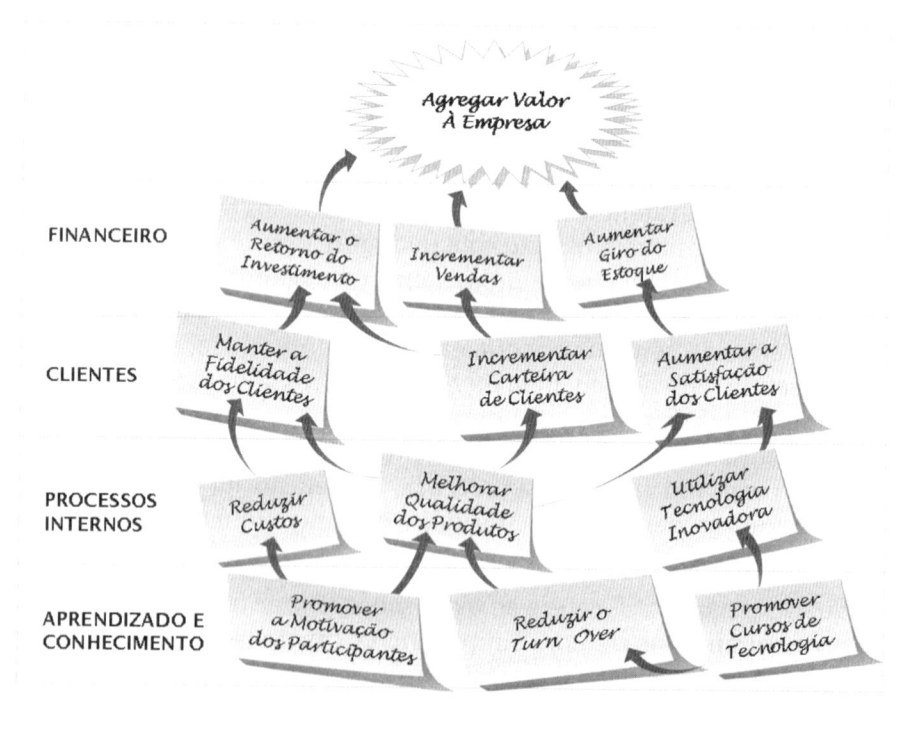

Figura 8.a — Mapa estratégico.

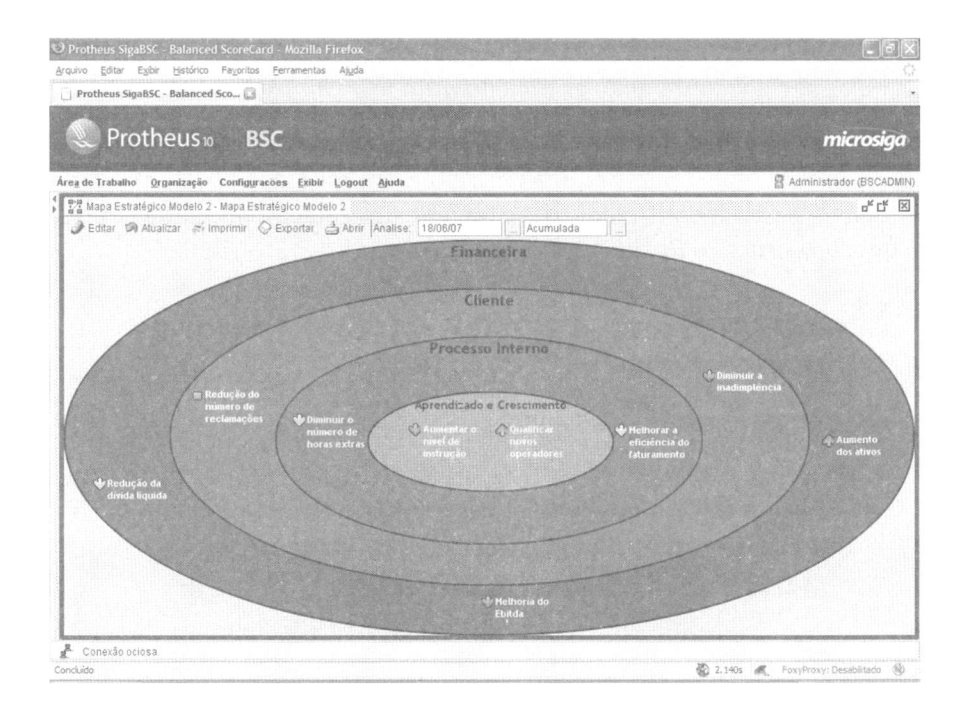

Figura 8.b — Mapa estratégico (modelo 2).

O Mapa Estratégico da Figura 8.b estabelece a relação entre os objetivos das quatro perspectivas. Mostra como um influencia o outro e ajuda a evitar erros comuns, como o de criarmos dois indicadores para objetivos dependentes e relacionados. Um único bastaria. O Mapa indica, na parte de cima, os objetivos maiores da empresa, que tem como pano de fundo a sua Missão e a sua Visão.

Dashboard

Dashboard é como os norte-americanos chamam o painel de controle dos veículos, onde estão instrumentos como velocímetro, relógios etc. O *dashboard*, painel de controle, é uma das principais funcionalidades de um software de *Balanced Scorecard*. Para cada indicador são estabelecidos os alvos. Verde é a meta atingida, amarelo a faixa intermediária e vermelho a meta não atingida. Usa-se ainda o azul, quando a meta foi ultrapassada e, às vezes, o laranja, para discriminar posições entre vermelho e amarelo.

O *dashboard* é a visualização gráfica do BSC, assim como os gráficos e tabelas são a visualização gráfica do *data warehouse*.

M. Quantos indicadores, em média, devem aparecer no *dashboard*?
E. Cada uma das 4 perspectivas deve ter, em média, 4 objetivos; cada objetivo, para ser controlado, deve ter 3 metas; cada meta, 2 indicadores. Logo, teríamos no *dashboard*:

4 x 3 x 2 x 1,5 = 36 indicadores.

Exemplo de um objetivo:

Perspectiva: Processos Internos
  Objetivo: Qualidade adequada
    Meta: Máximo de 3 devoluções por mês
      Indicador: Quantidade de devoluções por mês
        Alvos: , mais que 8;   , entre 4 e 8;
              , menos que 4 e   , zero

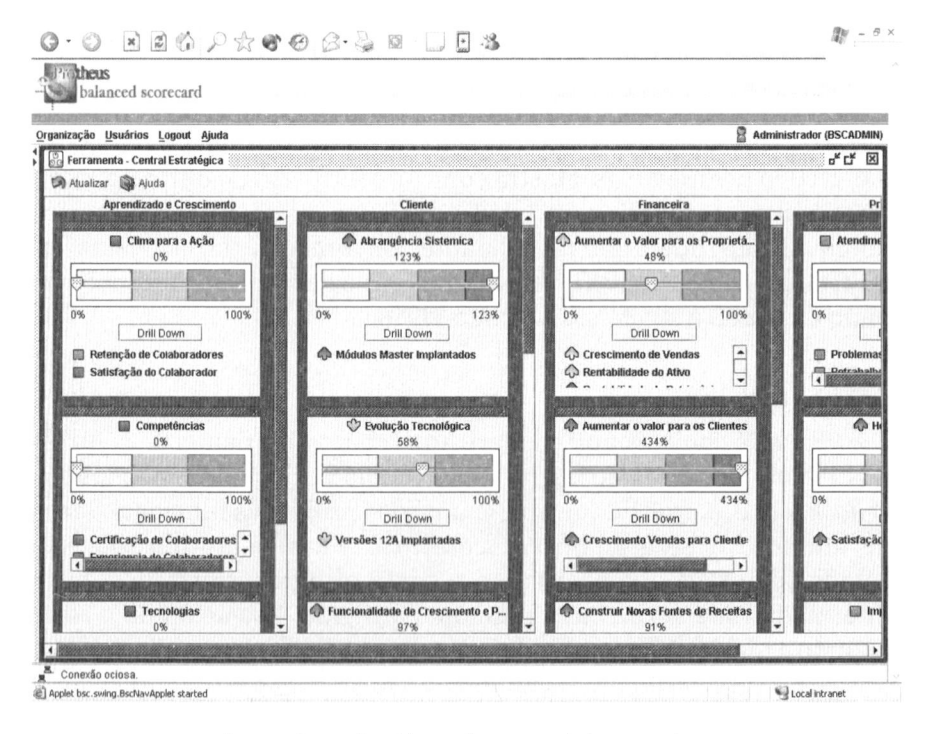

Figura 9 — *Dashboard* ou painel de controle.

O importante é que todo o processo de BSC crie uma sinergia na empresa e que os colaboradores estejam sintonizados e sincronizados. Por meio do *dashboard* todos vêem, claramente, quais são os objetivos da empresa e qual a posição atual. No sistema, estão definidos os responsáveis de cada um dos objetivos, prazos para atingi-los, custos e recursos necessários, bem como as iniciativas que devem ser tomadas.

M. Esses resultados são divulgados abertamente, em painéis na empresa, nas salas, corredores?
E. Em 1996, numa palestra realizada no dia em que a Microsiga recebeu a certificação ISO 9000, expus uma idéia chamada Jornal da Empresa. Cada executivo deveria ter em cima de sua mesa um monitor, sem teclado. Ele seria apenas um espectador, e quando surgisse algum assunto importante, um *bip* chamaria a sua atenção. Esse Jornal da Empresa seria, na verdade, um misto de *Business Intelligence*, mostrando gráficos e tabelas sobre a situação da empresa, com w*orkflow* e *Balanced Scorecard*.

Em determinado momento, poderia aparecer uma notícia importante, como uma grande venda realizada (*workflow*). Apresentaria, também, indicadores da empresa (BSC). O monitor não deveria ser colocado apenas nas mesas dos executivos, mas também em todas as salas da empresa, na recepção para visitantes e até nos elevadores, para que os freqüentadores do prédio ficassem sabendo como está aquela empresa lá do 5º andar!

Esse tipo de atitude leva à sinergia e à motivação. Evidentemente, precisa haver uma seleção de informações, evitando-se as confidenciais e restritas aos administradores.

O *Balanced Scorecard* deve estar presente em todos os lugares. Hoje, ele é mais apresentado em portais: portal do executivo, portal do cliente, portal do vendedor, portal do funcionário. Um portal nada mais é do que disponibilizar informações na Internet, de forma diferenciada para cada um dos públicos-alvos. Cria-se uma sinergia.

M. O *Balanced Scorecard* exige um sistema de medição interno intenso, em todas as áreas, não é?
E. Exatamente. Em princípio, o *Balanced Scorecard* nada tem a ver com TI. Os livros de Kaplan e Norton não falam em software. Por que, no entanto, a Microsiga tem o SigaBSC e todos os fornecedores de ERP têm hoje um módulo de BSC? Porque a primeira funcionalidade de um soft-

ware de *Balanced Scorecard* é apresentar o *dashboard* e, também, armazenar e atualizar todos os objetivos, metas e indicadores. Além disso, o ERP deverá calcular os valores ou percentuais atingidos pelos indicadores, em tempo real.

M. Trata-se, então, de um grande sistema de medição.
E. A interligação entre a filosofia do BSC e a Tecnologia da Informação é um belo exemplo de como a TI ajuda a gestão das empresas. Muitas usam o *Balanced Scorecard* sem recorrer à TI. O curso *Balanced Scorecard* que o Projeto Microsiga Dá Educação oferece era, inicialmente, ministrado pelos dois profissionais que o criaram, Jorge Secaf e David Kallas, sem ajuda de computadores. Depois, tivemos a iniciativa de criar o *Balanced Scorecard* Microsiga, o BSCM. Neste curso, o aluno aprende os conceitos do BSC e como usar a ferramenta que facilita o seu uso, o SigaBSC. Resumindo: a tecnologia não é um fim, é apenas um meio.

E há de se considerar também que existem outros padrões de indicadores disponíveis no mercado. A Totvs-BMI customiza os indicadores de acordo com as características de cada empresa e seu tratamento é feito no SigaSGI — Sistema de Gestão de Indicadores.

Motivação

M. Você acha que terceiros podem motivar uma outra pessoa?
E. Sobre esta questão de motivação tenho uma frase que diz: a pessoa aprende porque gosta, ela gosta porque entende e, fechado o ciclo, vai estudar cada vez mais. Quando estuda, passa a entender mais, gosta ainda mais e quer aprender mais ainda. Enfim, a roda começa a girar. Este é, talvez, o maior desafio brasileiro. Todos falam que o maior problema do país é a educação. Será por falta de professores, de oportunidades ou de motivação? Se ligarmos a televisão às 6h da manhã, há uma série de programas educativos. Na Internet, então, é possível aprender de tudo.

Por isso, o problema da educação não é uma questão de disponibilidade do conhecimento. As informações estão aí, disponíveis, para quem quiser aprender. O problema todo é a motivação. Então, o que deveríamos fazer? A grande dificuldade é dar o primeiro impulso, o incentivo inicial para fazer "cair a ficha". No momento em que a cabeça começa a girar, ela se torna totalmente auto-suficiente. A pessoa começa a procurar conhecimento, nas conversas, nos jornais, nas revistas. Há o interesse pela informação. Material didático de qualidade, modernização nos currículos do ensino fundamental e médio, rigor nas escolas, mais programas educativos na TV em horário nobre, são algumas medidas fáceis de implementar e eficientes nos resultados.

Corre uma história curiosa sobre o Bill Gates. Certa vez, quando visitou o Brasil, foi convidado para passear de iate, no Rio de Janeiro. O que seria o melhor dos mundos acabou sendo ignorado por ele. De repente, Bill Gates sumiu. Onde é que ele estava? Será que caiu na água e se afogou? Não. Ele estava enfurnado em uma cabine, trabalhando, estudando, programando. Isso é motivação. O Bill Gates e outras pessoas são tão motivadas pelo estudo, pelo aprendizado, que fazem do trabalho e do desenvolvimento de novos projetos um verdadeiro prazer. A pessoa precisa gostar do que faz. E, para gostar, precisa conhecer.

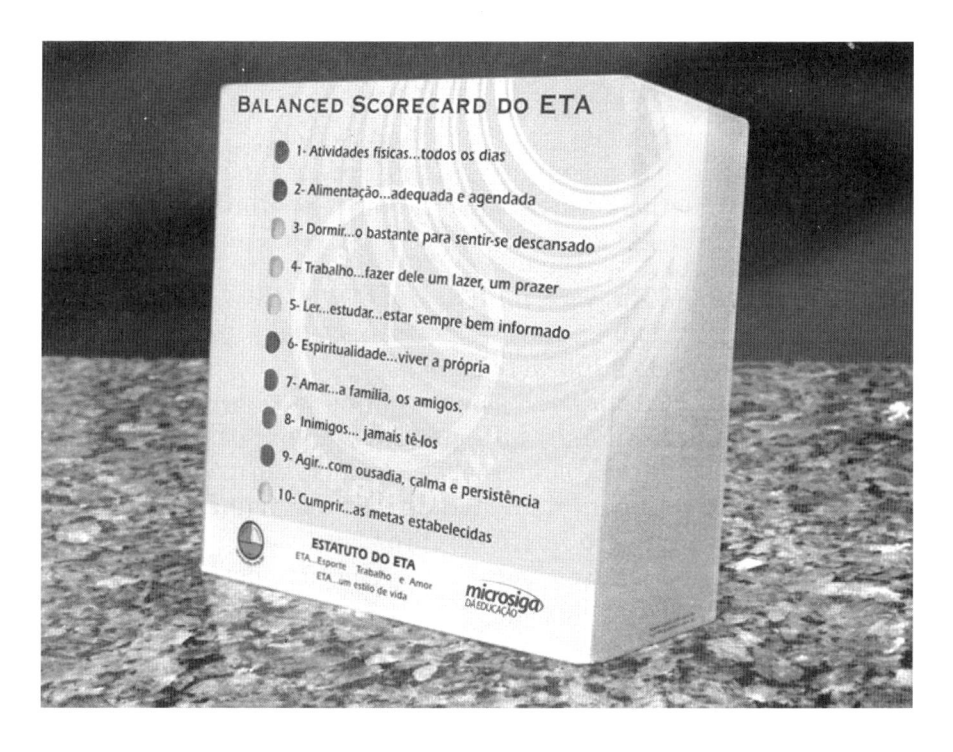

Figura 10 — Brinde do BSC.

O *Balanced Scorecard* é interessante nesse sentido. Trata-se de uma ferramenta que mostra para todos os colaboradores o que está acontecendo na empresa. Ao entender o que acontece, a pessoa se motiva, busca conhecer e entender mais. As pessoas odeiam o desconhecido e fogem dessas situações. É isso que nos motiva a sermos extremamente claros no nosso livro *Gestão Empresarial com ERP*, bem como aqui neste *Bate-Papo*. Entendo que, às vezes, podemos parecer insistentes em certas expressões ou metáforas. Mas, o importante é que o leitor compreenda as explicações.

M. Eu gosto da expressão que diz: ninguém pode motivar o outro. O exemplo do Bill Gates foi muito elucidativo.
E. Na minha lua-de-mel levei manuais e folhas de programação (*risos*). A minha mulher não entendia. Mas, eu dizia: "Você não quer me ver feliz? Então, vou me distrair um pouco enquanto você estiver dormindo".

No curso, damos um brinde (Figura 10) para o aluno fazer o *Balanced Scorecard* de sua vida pessoal. As metas têm como base o Estatuto do ETA (falaremos dele mais adiante), composto por 10 objetivos. Para cada um, a pessoa estabelece uma meta e, com as cores verde, amarela e vermelho, controla a sua realização. A idéia é colocá-lo em cima da mesa e procurar deixá-lo sempre verdinho. Toda manhã eu olho o meu. Se algum dos objetivos estiver amarelo ou vermelho, vamos à luta. Esta é a essência do BSC.

M. Falamos em *data warehouse*, *workflow*, BPM, BSC, quatro componentes do apoio e suporte à decisão, e eu lhe pergunto: onde está a intelligence, do *Business Intelligence*?
E. Para começar a responder a esta pergunta, faço outra: será que o computador, o hardware, o chip, juntamente com os programas, o software, enfim, toda essa parafernália eletrônica, são mais inteligentes do que nós, seres humanos, que temos essa maravilha da natureza, criada por Deus, que é o nosso cérebro? Eu diria: se não são mais inteligentes, um dia serão ou, pelo menos, chegarão perto. Na verdade, tudo que dissemos até agora nada teve de Inteligência, com I maiúsculo.

Em termos de solução, explicamos como os sistemas processam e mostram informações que, na realidade, receberam de nós. Apresentar informações não é inteligência. Inteligência é você saber, entre muitas alternativas, escolher a opção mais correta, tomar a melhor decisão, mesmo que tenha apenas relativa probabilidade de dar certo.

É a inteligência que leva algumas pessoas a acertarem mais do que as outras. Muitos podem dizer que foi sorte, que a pessoa acertou sem querer ou que nasceu com um dom especial. Mas, não foi nada disso. Também não podemos dizer que a pessoa nasce com "visão" ou "sente o cheiro das coisas". Na verdade, para tomar a melhor a decisão, é preciso fazer previsões e acertá-las, é preciso metodologia, usar estatística, pesquisa operacional, modelos matemáticos, técnicas que, muitas vezes, são usadas até de forma subconsciente. O Capítulo 19 do livro *Gerenciando com Modelos Matemáticos* mostra exatamente isso. Se antes era complicado o uso destes recursos, hoje, com a tecnologia, tudo ficou mais fácil, viável, automático, disponível para o mais simples usuário. Por exemplo, fazer uma previsão de vendas, da valorização de uma ação, do comportamento de uma pessoa, do clima, do resultado de um jogo de futebol.

M. *Intelligence*, então, significaria compreender, prever, decidir corretamente?
E. Sim. O processo de decisão envolve memorização, dedução, instrução, raciocínio e analogia. É precisamente o que faz o computador. Primeiro, recebe os dados (memorização); depois, os trata via programa (dedução, instrução e raciocínio); em seguida, analisa (analogia). A decisão é conseqüência. Ela depende, entre outros, de dois mecanismos, que estudaremos a seguir: correlação e simulação.

Data mining

M. Passemos, então, ao *data mining*.
E. Há um processo, que teve origem no KDD (*Knowledge Data Development*, Desenvolvimento do Conhecimento por meio de Dados), que hoje é chamado simplesmente de *data mining*. Essa expressão é bem interessante, literalmente, significa mineração de dados: partindo de um grande volume de informações, identifica-se o que realmente é importante e relevante para o seu negócio.

Como diz o Laércio, você deve perceber o que está acontecendo e, daí, tomar uma atitude. Além de tomar uma atitude, é preciso apresentar resultados. O *data mining* primeiro explora os dados do sistema, faz um verdadeiro trabalho de mineração, e seleciona o que é relevante, usando a correlação — percebe. Em seguida, usa a simulação para tomar uma atitude. Como todas as alternativas são simuladas, a atitude tomada é a melhor — resultado.

O mercado brasileiro usa pouco o *data mining*. Pesquisamos vários fornecedores de sistemas de BI e constatamos que raramente oferecem soluções em *data mining*.

O *data mining* utiliza disciplinas já conhecidas, como estatística, pesquisa operacional e modelos matemáticos. Nas faculdades elas são estudadas, porém pouco se aplica na prática, especialmente na gestão de empresas. Talvez pela falta de parâmetros, pelo custo elevado ou mesmo pelas dificuldades técnicas, a "chutometria" ainda está muito presente. Porém, os recursos tecnológicos estão aí e o usuário precisa entendê-los e utilizá-los. Mais uma vez, cabe ressaltar a posição do analista de suporte. Como já disse, é ele o grande culpado! O analista de suporte precisa saber unir essas três pontas: o problema, as ferramentas (a tecnologia) e o usuário.

No curso, exploramos a questão com exemplos, procurando abranger os problemas mais comuns. O primeiro case analisa a queda de faturamento de um fabricante de brindes. Imagine que você é um consultor e a empresa vende dezenas de produtos, para vários estados, com diversos vendedores, diferentes condições de pagamento e milhares de clientes. A empresa lhe apresenta, em planilhas, os dados referentes a todas as transações realizadas nos últimos meses. O diretor lhe diz: "Olha, a empresa não está legal. Pelo menos um dos indicadores que acompanhamos, a trajetória do faturamento, está caindo muito. Você poderia nos dizer o que está acontecendo e quais as atitudes que deveríamos tomar para mudar essa situação?"

Como consultor, você tentará analisar todas as informações referentes aos últimos meses e apresentar a solução. Talvez seja fácil e rápido visualizar a tendência do faturamento, colocando os dados em um gráfico. Porém, e os fatos relevantes? Como identificar o que aconteceu de diferente, o que mudou para comprometer o resultado da empresa? Para responder a essas questões, seria necessário identificar tudo que fugiu do padrão, quais os fatos relevantes que ocorreram.

Correlação

M. E como perceber tudo isso, de forma rápida e precisa?
E. Na estatística, existe uma fórmula chamada correlação. Antigamente, calcular uma correlação era trabalho para matemáticos e estatísticos. Hoje, no Excel, existe uma função chamada *correl* que faz este cálculo. De números colocados em duas colunas ou linhas, a função calcula se há ou não alguma correlação. O objetivo da correlação é mostrar se há dependência entre indicadores, ou seja, se quando um sobe, o outro acompanha o movimento e sobe também, e em que proporção. Por exemplo, verificar a correlação entre faturamento e despesas com pro-

paganda. Quando as despesas com propaganda aumentam, as vendas crescem também? Em que proporção? Outro exemplo, na situação oposta: quando um sobe, o outro desce. Quando o preço aumenta, a quantidade vendida diminui?

Em todos os casos, é preciso sempre confirmar se, de fato, existe a correlação e verificar qual é a linha de tendência. Quanto maior a população de uma cidade, tanto maior será o volume de vendas? Quanto maior o salário do vendedor, mais ele venderá? Quanto maior o consumo de energia elétrica, maior será o PIB do país? Quanto maior o investimento em educação, maior será o crescimento econômico? Ou ainda, uma questão polêmica e atual: quanto maior for a pena, tanto menor será a criminalidade? Tudo isso é correlação.

Um caso bem típico para ilustrar a correlação é o comportamento dos gastos com marketing e a trajetória das vendas de determinado produto, como a cerveja. As empresas gastam em marketing para aumentar as vendas. Certamente, o consumo cresce e mantém uma tendência de crescimento nos meses subseqüentes (Figura 11). Porém, em determinado ponto, apesar do elevado gasto com marketing continuar, os percentuais de crescimento não são mantidos na mesma proporção.

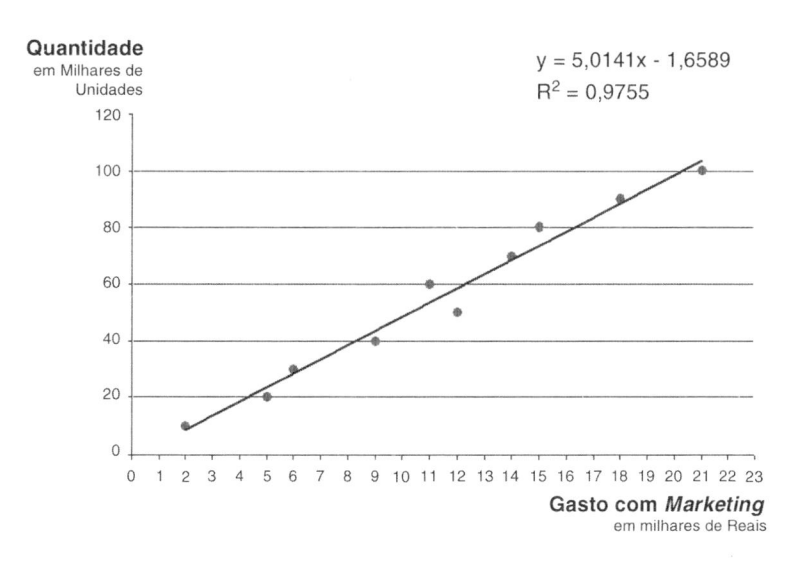

Figura 11 — Linha de tendência.

Há casos ainda mais complexos, representados por uma parábola. Por exemplo: vamos comparar o preço em relação ao faturamento. Não podemos esquecer, entretanto, que o preço também influi na quantidade vendida. Logo, o aumento de preços inicialmente pode gerar maior faturamento, porém somente até determinado patamar. Daí em diante, as quantidades vendidas podem começar a diminuir tanto, em função do aumento de preço, que a curva de faturamento também inverte a tendência e começa a baixar. Neste caso, é preciso observar em que ponto o faturamento atingiu o pico, o ponto ótimo. Um exemplo sobre o assunto muito falado hoje em dia: a questão dos impostos. Se baixássemos a carga tributária, a arrecadação aumentaria, pois mais pessoas contribuiriam. Todavia, as alíquotas não poderiam baixar muito, sob pena de a arrecadação diminuir.

O índice de correlação varia de -1 a $+1$. É -1 quando há um movimento inverso: preço e quantidade vendida; preço sobe, quantidade cai. O $+1$ representa uma correlação total entre dois fatores: um sobe, o outro sobe na mesma proporção. Se subir mais, teremos uma linha exponencial. Próximo de zero significa que não existe qualquer correlação entre as duas variáveis. Por exemplo: salário do contador e as vendas. Nada a ver. Um pode subir e o outro descer, ou não.

Voltando ao exemplo da fábrica de brindes. Com a função *correl* verifica-se, primeiro, qual a correlação entre um elemento e o total. Por exemplo, Vendedor x Produto, ou seja, o *mix* de vendas de cada vendedor em relação ao *mix* de todos os vendedores. A maioria apresenta uma correlação próxima de $+1$. Mas, não necessariamente todos. Um ou outro vendedor pode ter feito um *mix* de vendas diferente, apresentando uma correlação menor. Eles são as exceções, os fatos relevantes. Agora, utilizando outro recurso do Excel, as tabelas dinâmicas, verificam-se como agiram estes vendedores diferenciados: quais produtos venderam mais e quais venderam menos do que o conjunto de vendedores. O próximo passo é analisar as causas, entrevistando cada um deles para descobrir porque isto aconteceu. Daí, sim, iremos tirar valiosas conclusões.

Continuando a análise para descobrir porque houve queda de faturamento na fábrica de brindes, é preciso correlacionar todos os fatores, não apenas Vendedor x Produto, e analisar as discrepâncias: vendedor x condição de pagamento, vendedor x mês, vendedor x tipos de clientes e até vendedor x salário. Depois, deve-se correlacionar também produto x mês, produto x região, produto x condição de pagamento, produto x tipo de cliente, região x condição de pagamento, região x mês, enfim, correlacionar todas as combinações possíveis e concentrar a atenção naquelas onde as correlações indiquem uma fuga do padrão, uma exceção, um fato relevante.

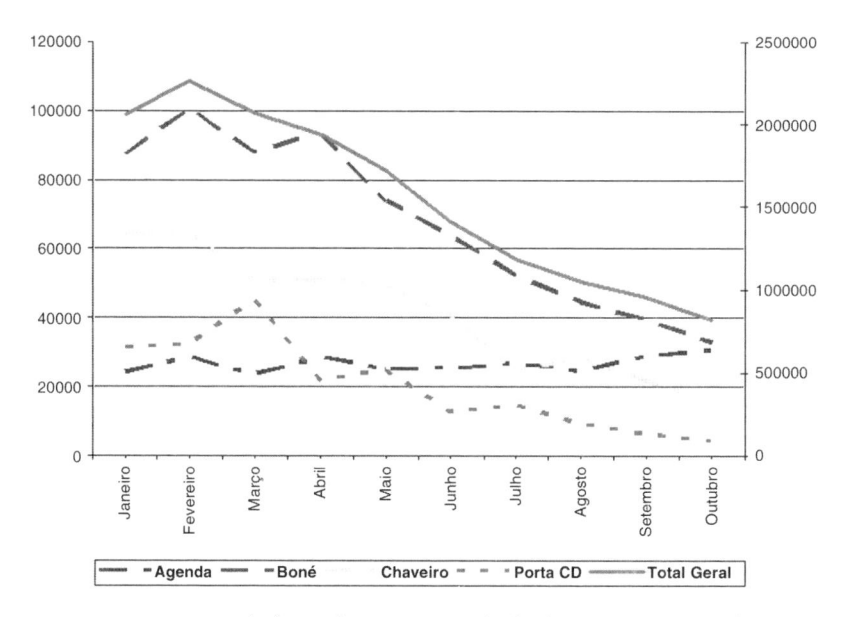

Figura 12 — Visão de fato relevante com tabela dinâmica (A Agenda tem comportamento diferente dos demais).

A Figura 12 é um exemplo típico de mineração de dados. O sistema foi lá, coletou todas as informações, fez as correlações e destacou apenas os fatos relevantes. Por exemplo, um dos vendedores vendeu com condições de pagamento totalmente diferentes dos demais; em uma das regiões determinado produto não vendeu nada; em março, determinado tipo de cliente comprou muito.

Enfim, o *data mining* ajudou a fábrica de brindes a identificar exceções, padrões, regras. Daí traça-se um plano de ação para recuperar o faturamento.

Simulação

M. Até aqui o *data mining* ajudou bastante, mas não tomou a decisão, apenas ajudou.

E. Aqui entram as simulações. Trata-se de processo conhecido, mas também pouco usado. Simular nada mais é do que testar todas as alternativas e escolher a melhor. Isto pode levar muito tempo. Uma partida de xadrez, jogada pelo computador, é um exemplo. O programa simula todas as alternativas possíveis e, partindo da jogada do adversário, verifica qual é a ação com maior probabilidade de ganhar. É necessário estudar mecanismos que diminuam o número de tentativas, abandonando as simulações que de antemão não levarão ao resultado desejado.

No Excel, há uma função chamada *Solver*, que é uma rotina de simulação. O primeiro passo é definir o modelo a ser simulado, colocando-se na planilha suas fórmulas e valores. A seguir indica-se, na janela do *Solver*, a célula a ser otimizada, as células que podem variar e as restrições do modelo. Acionando-se o Solver, aquela célula é minimizada (no caso de custos), maximizada (no caso de lucro ou faturamento) ou, ainda, atinge determinado valor especificado, uma meta. Além das restrições inerentes do modelo, normalmente se restringem a determinado intervalo os valores das células que serão simuladas. Este tipo de problema pode ser resolvido de outras formas, estudadas em pesquisa operacional, entre elas a programação linear ou simplex. Isto é bem mais complicado e trabalhoso. Todo este processo é feito no ERP, integrando-o com o Excel.

O processo de simulação ajuda muito na tomada de decisões e por isto faz parte do BI. Para compreender melhor, vejamos um exemplo onde o objetivo é decidir o preço ideal para se obter o maior lucro, numa feira onde todos vendem o mesmo produto.

Imagine que você participe com um estande em uma feira, onde há vários outros estandes com o mesmo produto que o seu. Você verifica que, às vezes, o seu estande está cheio, outras vezes, é o do concorrente e, às vezes, o movimento é igual. Você logo desconfia: deve ser o preço. Cada um deve estar utilizando um preço diferente. A primeira atitude que você precisa tomar é verificar se há, de fato, uma correlação entre preço e vendas. Pode ser que num estande ao lado esteja uma morena supersimpática comandando as vendas de modo que, mesmo com preço mais alto, o estande continuará vendendo melhor. Aí não tem jeito, só mesmo arrumando uma morena ainda mais simpática.

Porém, se não for esse o caso, é certo que existirá uma correlação entre preço e volume de vendas nos estandes e, evidentemente, quanto maior o preço, tanto menor a quantidade vendida.

Você concorda que o aumento do faturamento pode não significar aumento do lucro? Conforme aumentamos o preço, a quantidade vendida diminui. O faturamento vai formar uma parábola e chegará um momento em que ele começa a cair. O mesmo acontecerá com o lucro, principalmente se há custos fixos e variáveis envolvidos. O lucro máximo será baseado em um preço ótimo, que precisa ser calculado. Para isso, monta-se a planilha com os dados de todos os estandes, com o cálculo do lucro, considerando o preço, a quantidade vendida, os custos fixos e variáveis. Em seguida, é preciso lançar na planilha os preços e as quantidades vendidas em cada estande.

A função correl verifica se a correlação preço x quantidade vendida persiste e calcula a quantidade vendida para cada preço simulado pelo Solver que, por sua vez, calculará qual deles gera o lucro máximo. Se a correlação não persistir, abandona-se o modelo.

Dentro de restrições estabelecidas, como, por exemplo, que o preço e a quantidade devem estar dentro de um intervalo prédeterminado, todas as hipóteses são testadas, em poucos segundos, mesmo que haja centenas de estandes ou que a variação de preço seja grande.

Note que, se seus concorrentes também estiverem atualizados com a tecnologia e também dispuserem de uma boa massa de dados, você terá que alterar seus preços a todo instante, porque eles não estarão dormindo no ponto. Nesse caso, é guerra!

A simulação é utilizada de forma análoga na Teoria das Filas: quantos (minimizar) guichês preciso manter abertos num pedágio para ter uma fila de, no máximo, três minutos de espera (restrição), dependente do fluxo de veículos e do tempo de atendimento? Quantas (minimizar) mesas devo manter num restaurante para ter uma espera de, no máximo, 10 minutos (restrição), com determinado fluxo de clientes? Também na otimização de rotas, onde se calcula o melhor caminho entre dois pontos, simulam-se todas as alternativas, identificando-se a mais curta e mais rápida, considerando, inclusive, a situação do trânsito (integração via *web service* com a CET — Companhia de Engenharia do Tráfego). Com a ajuda do GPS, que fornece a posição atual do veículo, a rota é recalculada sempre que houver um desvio. No MRP II, também se otimizam as alocações simulando as alternativas.

O modelo que usamos no Jogo de Empresas, sobre o qual falaremos a seguir, é outro exemplo das vantagens que a simulação oferece. São mais de 150 mil alternativas de decisões. O simulador nunca perde. Imagine agora o planejamento global de uma empresa, considerando todas as suas regras de negócios. Cada vez que ocorresse uma das seguintes hipóteses: um concorrente mudasse seus preços, o mercado ficasse aquecido ou retraído, houvesse aumento ou diminuição na taxa de juros ou do dólar, a fábrica tivesse seus custos alterados, ou ocorresse qualquer outra mudança prevista no modelo — rodar-se-ia o simulador e ele apresentaria todas as decisões que deveriam ser tomadas naquilo que é possível para maximizar, a todo momento, o resultado da empresa!

Concluindo: a finalidade do BI não é apenas mostrar informações, como bem fazem o *data warehouse*, o *workflow,* o BPM e o BSC. Sem dúvida, esse é um papel fundamental e importante, que está sendo muito usado. Porém, para um efetivo suporte e apoio à decisão é preciso fazer o *data mining*, a simulação, usar modelos matemáticos, inteligência.

De manhã, você chega na empresa, liga o computador e ele fará um dos dois sinais para você: assim, polegar para cima: Positivo! ou assim, mão direita espalmada batendo violentamente na mão esquerda cerrada: Você está ferrado! Como podemos ver na Figura 13.

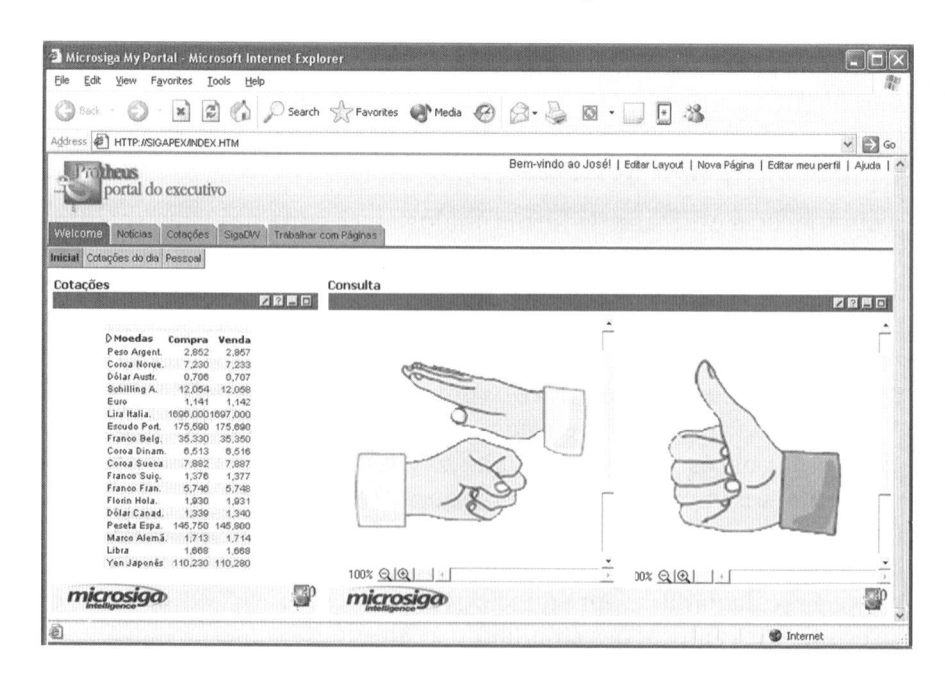

Figura 13 — Painel de gestão do futuro.

Mas o Protheus tem a solução! SIGA as instruções!

Capítulo 4

A Empresa e o Governo

3ª Entrevista

A empresa

M. Hoje, vamos fugir um pouco do tema central da nossa conversa. Percebi que, tanto no livro como no curso, você dá destaque especial a dois itens: a empresa e o Governo. Por quê?
E. Vou começar a responder com outra pergunta: Por quê é importante falarmos da empresa em um livro sobre ERP?

É preciso entender que, para o desenvolvimento de uma Solução ERP, que consiste na informatização de todos os processos de uma empresa, precisamos, antes de tudo, conhecer o seu funcionamento. O Governo (em seus níveis municipal, estadual e federal) exerce influência direta sobre a gestão de uma empresa, desde a sua abertura. Medidas e decisões governamentais de cunho fiscal ou regulatório afetam o dia-a-dia e os resultados de toda e qualquer companhia.

O livro *Gestão Empresarial com ERP* começa com a seguinte frase: empresa é um conjunto de pessoas e recursos que geram receita partindo da venda de produtos e serviços para determinado mercado. Para sobreviver, a empresa precisa respeitar uma equação que, apesar de ser muito simples, não é tão fácil de ser atingida: a receita tem que ser maior do que a despesa. Felizmente, ou infelizmente, vivemos em um mundo capitalista. Cada empresa, privada ou pública, com ou sem fins lucrativos, qualquer tipo de instituição, até mesmo uma igreja, está sujeita a esta premissa. Mesmo se a receita tiver como origem algum tipo de subsídio, contribuição ou doação — que, no fundo, resultam da venda de uma idéia ou filosofia —, as receitas sempre precisam ser maiores do que as despesas.

É fundamental que a companhia tenha o controle absoluto destas receitas e despesas. Como explicamos no curso, precisamos saber qual é o "placar" atual, ou seja, o seu Resultado. Aqui, a Tecnologia da Informação entra como grande aliada. Por meio do ERP, as receitas e as despesas são facilmente controladas.

Outro tópico importante é fazer uma previsão de tudo que será gasto e de tudo que será faturado, do que resulta o orçamento da empresa. Se for nova, o Plano de Negócios ou *Business Plan* deverá indicar, no mínimo, o resultado previsto para os primeiros meses e a evolução do fluxo de caixa.

O lucro da empresa deve ser avaliado pelo Retorno Sobre o Investimento (ROI — *Return On Investment*), isto é, o ganho que o investidor, proprietário, acionista, enfim, o dono, espera do seu negócio. Temos uma situação interessante no Brasil: como a taxa de juros atualmente é muito elevada, este retorno precisa ser superior ao de países onde a taxa é menor.

Se o retorno não compensar o investimento, o empresário pode preferir aplicar seu capital no mercado financeiro. Mesmo sendo conservador, consegue-se hoje um rendimento de quase 1% ao mês nos fundos de investimentos. E, ainda por cima, sem trabalhar ou ter dores de cabeça.

O retorno (lucro) também deve contemplar o risco envolvido. Risco do negócio ou risco Brasil é o que não falta em qualquer empreendimento. Por isso, nunca se poderá dizer que foi descoberto um "negócio da China" eterno, com alto retorno. Logo surgirão concorrentes, cada vez maiores e melhores. Haverá necessidade de reduzir preços para ganhar da concorrência. Os custos, por sua vez, deverão subir, pela necessidade de melhoria contínua da qualidade exigida pelos clientes. O retorno diminuirá até determinado ponto de equilíbrio. Se continuar diminuindo, alguns concorrentes fecharão as portas, interrompendo e revertendo a tendência de queda do retorno, que voltará a subir. O ponto de equilíbrio depende da taxa de juros aplicada no país. Se for muito elevada, poderá afugentar investimentos em empresas.

Um fato curioso: quando se faz um IPO (*Initial Public Offering*, Oferta Pública Inicial de Ações) alguns investidores deixam em segundo plano o que a empresa produz ou quais os serviços prestados. Tudo que lhes interessa é a perspectiva do retorno sobre o investimento (ROI), o EBITDA (*Earnings Before Interest, Taxes, Depreciation and Amortization* Retorno Antes dos Juros, Impostos, Depreciação e Amortização), ou seja, a lucratividade da empresa.

M. O que você considera um bom retorno sobre o investimento, hoje?
E. Um retorno superior à taxa de juros ou qualquer outra aplicação. Aqui no Brasil, chegamos a ter taxas de juros superiores a 45% ao ano, depois da desvalorização do real em 1999. Descontada a inflação daquela época, caía para cerca de 18% a 20% ao ano. Hoje, depois de um longo período, estamos com um juro real de apenas um dígito, menor do que 10% ao ano. Logo, uma empresa teria que ter, pelo menos, um retorno superior a esse percentual para compensar o risco. Vale lembrar que é o lucro que determina o valor da empresa, que muitas vezes é mais importante do que o próprio lucro. Alguns dizem que o sonho de todo empresário é um dia vender a própria empresa...

M. Dói, mas é verdade...
E. ...de preferência para os norte-americanos, que pagam mais! (*risos*). Além de dar lucro, a companhia precisa crescer. Ao aumentar o faturamento, é quase certo que o lucro também crescerá. Esta tem sido a grande dúvida do dia-a-dia dos empresários: lucrar ou crescer. Como dizia um velho banqueiro: "Crescer com lucro." Este é o X da questão.

Uma vez questionei o Laércio dizendo que, na época da minha gestão, a empresa era pequena, mas o lucro era maior, que estávamos gastando demais etc. Ele me respondeu:

— Se fosse por você, ainda teríamos uma única linha telefônica, os móveis seriam os mesmos, as máquinas seriam todas recauchutadas, estaríamos em salas alugadas...

Foi quando entendi que, para crescer, é preciso ser ousado, porém prudente, para não dar um passo maior do que a perna, e que é preciso ser persistente. Afinal, nem sempre temos êxito na primeira vez. Este é o nono item do estatuto do ETA:

— Agir... com ousadia, calma e persistência.

Existe uma frase que define bem este assunto: dinheiro bem gasto dá gosto gastar. Sempre que se compra algo que realmente dá prazer ou se faz um investimento que vale a pena, deve-se lembrar desta frase para amenizar a dor que se sente ao assinar o cheque ou o boleto do cartão de crédito. Já tive que tomar analgésicos para amenizar este sofrimento (*risos*).

M. O que mais uma empresa deveria ter para ser bem-sucedida?
E. É difícil responder. Podemos citar alguns fatores: produto, preço, qualidade, distribuição, marketing, localização, o famoso "ponto", no caso do comércio, e, principalmente, capacitação. Já dizia o consultor Lair Ribeiro: "O importante não são quantos tijolos você coloca no seu muro por dia, e sim quantos tijolos os outros colocam para você." É preciso capacitar e motivar os colaboradores. Hoje a área de RH é uma das mais importantes nas empresas.

Empreendedores

M. Você fala sobre empreendedorismo no curso?
E. Eu sempre friso que tanto o livro como o curso não tratam diretamente de empreendedorismo. Há uma frase no livro que diz: é claro que uma boa dose de empreendedorismo é necessária, ou seja, visão, ousadia, iniciativa, disciplina, ética, liderança, foco, competitividade, estratégia, percepção, garra, força de vontade, determinação. Mas, isso tudo, nós aprendemos com a própria escola da vida. É inerente. Mais uma vez, o executivo tem que ser uma pessoa ousada, calma e persistente.

Creio em duas qualidades que um executivo deve ter, entre outras: falar pouco e ser extremamente calmo. Nunca vi o Laércio nervoso, perder a calma, dar bronca em público ou perder as estribeiras, como se diz. E qualquer reunião com o Laércio não dura mais do que 10 minutos. Muito objetivo, fala o necessário, ouve o necessário e papo encerrado. Nas reuniões, costuma dizer: "Vamos parar, estamos dando voltas." No livro *Genoma Empresarial*, ele definiu os 20 Genes para o sucesso de uma empresa: Percepção e Visão; Observação e Análise; Liderança; Dinamismo e Execução; Decisão e Estratégia; Oportunidade; Pioneirismo; Competitividade; Pensamento Global; Pensamento Regional; Versatilidade; Ousadia; Foco; Habilidade; Relacionamento; Espírito de Equipe; Respeito à Vida e à Comunidade; Disseminação de Conhecimento; Qualidade de Vida, Produtos e Serviços; Inovação. Até hoje, estes princípios norteiam a fundamental definição dos valores e da Missão do Grupo Totvs, formado pelas marcas Microsiga, Logocenter, RM, Totvs-BMI e Totvs-Infra:

Ser a opção natural de software, inovação e suporte à gestão na América Latina, promovendo um Ecossistema de Negócios por meio da tecnologia, informação, relacionamento e resultados.

E já que falamos da Missão, esta é Visão:

Ser o operador administrativo de nossos clientes, pela transformação do software aplicativo em um componente de serviço, aliado a um modelo ampliado de negócios formado por consultoria de gestão, BPO e serviços de infra-estrutura.

M. Você acha que o Brasil tem muitos empreendedores?
E. Uma característica do brasileiro, por um lado, é a ousadia. Mas, por outro lado, não tem aquele cuidado de analisar e calcular tudo que é necessário. São poucos os que atribuem para o ERP, por exemplo, a sua real importância. Na época em que eu era analista de suporte, só via o dono ou o presidente da empresa na primeira visita. Depois, ele me evitava. No máximo, dava um bom-dia. Talvez o que falte ao nosso empresário é se preocupar com coisas pequenas, com detalhes dentro da empresa.

Internacionalização

M. Esse comportamento não é um reflexo, também, da falta de coragem para internacionalizar a empresa?
E. A internacionalização das empresas brasileiras é um processo em andamento. Vemos hoje grandes investimentos no exterior e, sem dúvida, essa tendência vai continuar. A internacionalização exige musculatura no que se refere à disponibilidade de capital. As aquisições sempre envolvem milhões, bilhões de dólares. Não tínhamos empresas com essa capacidade, nem mesmo na época das privatizações. Muitos grupos brasileiros não conseguiram adquirir companhias que estavam sendo privatizadas por falta de capital. Neste cenário de internacionalização, a fusão de empresas é um processo muito importante, que precisa ser considerado. Possibilita a criação de companhias fortes, com capacidade de investimento; não apenas para abrir escritórios ou filiais no exterior, mas também para a aquisição de empresas. Geograficamente falando, a aquisição é o modo mais rápido de crescer.

M. Investimento na compra de empresas no exterior é um dos aspectos da internacionalização, mas acredito que, para um país se projetar internacionalmente e criar marcas conhecidas, é preciso exportar maciçamente, não?

E. O grande problema é a nossa estrutura interna. Algumas empresas estão resolvendo o problema da expansão com a abertura de unidades em outros países, em vez de exportar. Tudo isso devido ao alto custo Brasil e à nossa frágil infra-estrutura.

M. Quando você se refere ao elevado custo Brasil, quer dizer que temos muitos impostos?

E. Não é só isso. Aliás, é este o assunto tratado no primeiro capítulo do livro. O ERP é fortemente afetado pelos impostos em suas principais rotinas e podemos até dizer que, hoje, o ERP é um grande aliado do governo no combate à sonegação. Procuramos explicar não apenas como se calcula cada imposto, mas também porque ele é necessário.

M. Como assim, no combate à sonegação?

E. No processo de automação comercial, por exemplo, o Governo credencia apenas os sistemas de ERP que inviabilizam práticas de sonegação, como meia-nota (registro fiscal com valor a menor), cupom sem valor fiscal, inserção de alíquotas "especiais" e outras "cositas más". A tendência é que este cerco avance para outras áreas, chegando ao imposto de renda, encargos trabalhistas etc. Isto sem falar nos cruzamentos de dados. Mais para a frente falaremos do SPED, um sistema em que o Governo Federal irá integrar toda a contabilidade das empresas aos seus controles. Vale ressaltar, porém, que apesar dos avanços, até agora pouco se fez em relação ao que já poderia ter sido feito.

O Governo

E. Já que entramos no assunto, vamos falar do Governo como "Empresa". Todos dizem que a carga tributária brasileira é a mais alta do mundo ou, pelo menos, uma das mais elevadas. Como pagamos tantos impostos, vamos analisar um pouco o nosso sistema tributário.

O Governo, assim como uma empresa, está sujeito àquela velha "lei" que mencionamos no começo: a receita tem que ser maior do que a despesa, não tem jeito. O Governo presta serviços, principalmente serviços públicos para as classes menos favorecidas. Um fator que diferencia o Governo de uma empresa privada é que ele tem dois caixas. Não, não, não estou aqui me referindo ao Caixa 2! O Governo tem um caixa em real e outro em dólar, em moeda estrangeira. O primeiro é o Tesouro Nacional, administrado pela Receita Federal do Brasil, a Super-

Receita, que controla todos os tributos federais e as contribuições da previdência social. O segundo é contabilizado pelas Reservas Internacionais, gerenciadas pelo Banco Central. Por que isso?

O Governo centraliza toda a movimentação de dólares das exportações e das importações. Hoje, já existe a possibilidade de termos dólar ou outra moeda estrangeira em casa ou na empresa. Quando viajamos para fora do país, também podemos comprar estas moedas sem maiores problemas. No entanto, ainda não existe a possibilidade de termos uma conta bancária em dólar, a não ser em outro país.

Ao contrário do que muitos pensam, quando alguém exporta, ao invés de receber dólares, recebe o valor da venda sempre em reais. A empresa que comprou a mercadoria brasileira no exterior paga em dólares ao governo brasileiro que, por sua vez, converte o montante para reais e o repassa à empresa brasileira que exportou. No processo de importação acontece o inverso. A empresa brasileira paga em reais, o Governo faz a conversão pela taxa de câmbio do dia e repassa os valores, em moeda estrangeira, à empresa no exterior, que vendeu o produto.

A taxa de câmbio, hoje, é flutuante, quem a define é o mercado. Até o início de 1999 era préfixada pelo Governo. Mediante o Banco Central, o governo consegue manipular essa taxa, vendendo ou comprando dólares no mercado. Em momentos de dificuldades, como quando as importações são muito maiores do que as exportações, o Governo pode usar as reservas internacionais, que representam o saldo entre todas as transações em dólares que entram e que saem das contas do Governo. Há também outras operações, como turismo, prestação de serviços, empréstimos, pagamentos de dividendos etc., que afetam esta conta em dólares.

É preciso sempre ter caixa em dólares. Infelizmente, o governo brasileiro não pode emitir dólares. Esse poder é somente do governo norte-americano. Por que o dólar? Porque, historicamente, tem sido a moeda mais estável do planeta, embora o euro, hoje, também faça parte das reservas internacionais de inúmeros países. Dólar, euro e outras moedas substituíram o ouro de antigamente.

Atualmente, as nossas reservas estão bem elevadas, talvez altas até demais. Há momentos em que o Governo, para desvalorizar o real, vende Letras do Tesouro Nacional (LTN) para comprar dólares. É o mesmo que tomar dinheiro de agiota para aplicar na poupança. Isto por conta dos constantes superávits da balança comercial do Brasil desde o ano de 2000, apesar da persistente queda do dólar. Manter esta reserva custa caro ao Governo, uma vez que todo esse capital (atualmente da ordem de US$ 150 bilhões) oferece um rendimento no exterior de, no máximo, 4% ou 5% ao ano. Se resgatasse Letras com esse dinheiro, deixaria de pagar juros à taxa Selic e faria uma boa economia. Em compensação, estas reservas têm contribuído para reduzir o risco Brasil, melhorar o *rating* do país e outros benefícios.

O Brasil já passou, em sua história, por processos de moratória — espécie de falência do governo — e por crises especulativas no mercado de câmbio, como ocorreu também no México, Rússia, Tailândia e Argentina. A conseqüência é uma longa e terrível negociação, que exige sacrifícios de todos, do devedor e do credor.

Por sua vez, o governo tem, administrado pelo Tesouro Nacional, o seu caixa em reais. Do lado das despesas, como todos nós sabemos e questionamos tanto, estão os gastos correntes, salários de ministros, congressistas, funcionários públicos, gastos sociais, aposentadorias, gastos com obras de infra-estrutura (transporte, energia, comunicações, saneamento), segurança, educação, saúde, além dos gastos com pagamento dos juros da dívida pública.

No que se refere a esse último item, o Brasil acumulou, nas últimas décadas, uma dívida acima de R$ 1,1 trilhão e arrecada bem menos, R$ 813 bilhões por ano. Já imaginou você dever 35% a mais do que ganha no ano (1.100÷813)? De fato, não é nada fácil sair deste buraco. São as Letras do Tesouro que sustentam a dívida, com vencimentos diários.

M. Você está considerando apenas a dívida interna?
E. A dívida pública é a soma da dívida interna e da dívida externa. Hoje, somente uma pequena parte da dívida é externa — ela está bem próxima das reservas. Essa redução ocorreu porque o Brasil conseguiu, graças também à taxa de câmbio favorável, resgatar os grandes empréstimos junto ao FMI, tornando-se, assim, menos vulnerável a qualquer variação do dólar.

M. A dívida pública parou de crescer?
E. O governo brasileiro tem conseguido manter o superávit primário. Isto significa, na verdade, que o total arrecadado supera os gastos correntes mais as obras sociais e investimentos. Esta conta, no entanto, desconsidera os gastos com pagamento dos juros da dívida. Se levarmos em conta esses juros, que correspondem a mais de R$ 150

bilhões por ano, o resultado é deficitário; é o chamado déficit nominal. Apesar de ser pequeno quando comparado ao passado, o resultado ainda está no vermelho. Diante dessa situação, a dívida continua crescendo, embora em ritmo mais lento.

Neste cenário, pergunta-se: por que não reduzir os juros? Por um lado, reduzir a taxa de juros contribui para a redução da dívida pública e provoca um aquecimento da economia, gerando empregos e renda. Por outro lado, reduzir a taxa de juros pode levar a um processo inflacionário indesejável. O crescimento da produção pode não acompanhar o aumento do consumo, motivado pela facilidade das compras a crédito e pela ação dos investidores, que passarão a transferir suas aplicações financeiras para setores produtivos. Uma alternativa para conter a inflação seria aumentar o empréstimo compulsório dos bancos no Banco Central, enxugando a base monetária.

M. É um cenário complicado, cada alternativa tem lados positivos e negativos.
E. Não é fácil. Vamos então analisar as receitas do Governo, ou melhor dizendo, como ele supre o seu caixa. Os recursos vêm, de um lado, da obtenção de empréstimos conseguidos com a venda das Letras do Tesouro Nacional ou Notas do Banco Central que, geralmente, pagam a taxa de juros definida pelo Banco Central, a Selic. Todos clamam pela redução da taxa de juros. Se ela baixar muito, entretanto, poucos irão querer comprar as Letras ou aplicar em CDI. Poderão, até mesmo, faltar recursos para suprir a necessidade de caixa do Tesouro Nacional, principalmente para resgate dos títulos que, como já dissemos, vencem diariamente.

Existe ainda um recurso muito usado no passado, mas que tem enorme efeito inflacionário: a emissão de papel-moeda; mais dinheiro circulando para uma produção que se mantém estável. O resultado é a procura maior do que a oferta, isto desencadeia aumento de preços.

A maior fonte de receita do governo, de outro lado, são os tributos, impostos, taxas e contribuições, cobrados "da forma mais justa possível". De quem? Das empresas, das pessoas, de toda a sociedade.

Impostos
M. Chegamos ao ponto. Fale-me dos impostos.
E. No Brasil, as fraudes ocorrem mais por ingenuidade e desconhecimento do que por sonegação. A culpa é da complexidade

da nossa legislação. Existem sempre a expectativa e a promessa de reforma tributária, mas entra governo, sai governo, e quase nada muda. Veja a quantidade de códigos tributários a serem seguidos no recolhimento de impostos. Todas estas regras estão contidas no ERP. Haja customização dos softwares estrangeiros para se adaptarem à nossa complexa legislação!

Vejamos um exemplo: recentemente, o que fez o governo com o PCC?

M. O PCC? PIS, Cofins e a CSLL, Contribuição Social sobre o Lucro Líquido?
E. Exatamente. O PIS e a Cofins têm como base de cálculo o faturamento da empresa e a CSLL tem como base de cálculo o lucro. Para o PCC, a retenção na fonte passou a ser obrigatória para todas as empresas prestadoras de serviços, mas somente para valores acima de R$ 5 mil e desde que o fornecedor não esteja enquadrado no Super Simples. Mas, há um complicador: se a primeira nota emitida no mês para determinado cliente for de R$ 3 mil e a segunda de R$ 2,5 mil, no mesmo mês, é preciso fazer o cálculo retroativo! Além disso, a retenção não elimina o recolhimento por parte do emitente, pois a retenção é parcial. Eu sei que é difícil de entender, levei algum tempo para assimilar. O nosso setor de programação levou semanas para fazer a rotina funcionar corretamente.

M. Ah! Existe também o ISS: deve ser recolhido no município do emitente da nota ou no município do tomador do serviço? Há controvérsias!
E. Na dúvida, pague os dois, pois a fiscalização não perdoa. E quanto à base de cálculo do ICMS e do IPI? Quais os insumos que permitem a recuperação? Por que o imposto cobrado sobre as matérias-primas utilizadas na produção pode ser compensado e o imposto cobrado sobre material de consumo não pode? Material auxiliar pode ser compensado? A lixa usada no acabamento de um produto é matéria-prima ou material de consumo? E o cadinho da fundição? Há regras diferentes para cada produto. Tivemos que criar uma tabela de Tipos de Entrada e Saída de Materiais para resolver este problema!

Em compensação, vejamos um exemplo de medida eficaz adotada pelo governo, que tinha dificuldades para fiscalizar o ICMS incidente sobre cigarros e bebidas, comercializados em milhares de bares e charutarias. Estes produtos, entretanto, são fornecidos por apenas meia dúzia de fabricantes. Qual foi a solução encontrada? A retenção pelos fabricantes, direto na fonte, do valor presumido que os bares e charutarias teriam que recolher. Os fabricantes passaram a ser os responsáveis pelo pagamento ao governo. É um procedimento semelhante ao recolhimento do imposto de renda e da contribuição ao INSS, retidos pelas empresas ao pagar os salários de seus funcionários. É mais fácil fiscalizar poucos do que muitos. Nesses casos, a retenção na fonte é interessante.

O assunto é tão complexo e instigante, que a Associação Comercial de São Paulo ergueu um painel no centro da cidade, atualizado a cada segundo, mostrando o valor total arrecadado pelo governo, conhecido como "Impostômetro". Em 2006, superou R$ 800 bilhões, conforme discriminado na Figura abaixo.

Demonstrativo de Arrecadação e Gastos em Bilhões de Reais

Arrecadação	Valor	% PIB	Gastos	Valor	% PIB
IRPJ	67,9	2,9	Governo Central		
IRPF	69,3	3,0	Correntes	302,1	13,0
IPI	28,2	1,2	Aposentadorias	203,6	8,8
FGTS	37,0	1,6	Gastos Sociais*	62,6	2,7
Cofins	92,2	4,0	Juros	179,0	7,7
CPMF	32,1	1,4	Transferências para		
IOF	6,8	0,3	Estados e Municípios	126,8	5,5
PIS	24,2	1,0	Déficit	**(59,0)**	2,5
CSSL	28,1	1,2			
INSS	133,0	5,7			
Imp. Importação	10,0	0,4	PIB de 2006: 2,323 bilhões de R$		
Cide	7,8	0,3	* Gastos Sociais (Saúde, Assistência e Seguro Desemprego)		
ICMS	171,5	7,4			
Outros Estaduais	40,2	1,7			
Municipais	33,6	1,4			
Outros	33,2	1,4			
Total	**815,1**	**35,1**	**Total**	**815,1**	**35,1**

Mutação Patrimonial em Bilhões de Reais

Saldo em 31/12/2005	Valor	% PIB
Dívida Interna	1.002,0	51,7
Dívida Externa **	412,7	21,3
Reservas Internacionais **	(147,4)	7,6
Dívida Líquida em 31/12/2005	**1.267,3**	65,4
Investimento	**34,8**	1,5
Déficit	**59,0**	2,5

Saldo em 31/12/2006		
Dívida Interna	1.135,9	48,9
Dívida Externa **	408,8	17,6
Reservas Internacionais **	(183,6)	7,9
Dívida Líquida em 31/12/2006	**1.361,1**	**58,6**

** Valores da Dívida Externa e Reservas Convertidos em Reais.

Figura 14 — Balanço das contas do Governo.

M. Você tem alguma sugestão para simplificar tudo isto?
E. O Imposto Único seria uma solução? Há estudos que dizem que se aumentássemos a CPMF em mais 2 ou 3 pontos percentuais poderíamos eliminar boa parte dos tributos. Mas a CPMF é cumulativa, isso é ruim.

O Lucro Presumido e o Simples também são soluções interessantes: se paga determinado percentual sobre o faturamento.

Muitos defendem que o faturamento também seja a base de cálculo da contribuição à Previdência Social. No Super Simples, a alíquota engloba quase todos os tributos. O que se critica, neste caso, são os limites. Muita empresa não cresce para não sair do limite estabelecido para inclusão no Simples. Hoje, o faturamento máximo é de R$ 2,4 milhões por ano.

O ICMS unificado é outra questão. Temos 27 rotinas diferentes no sistema, uma para cada Estado da federação. O IVA (Imposto sobre Valor Agregado) vai substituí-lo um dia, juntando ICMS, IPI, PIS e Cofins. Mas será que resolve? No Brasil, tributa-se mais a produção e o trabalho (76% da arrecadação), ao invés de arrecadar sobre o patrimônio e a riqueza (24%). Que venha a reforma tributária! Sugestões das entidades e associações de classe não faltarão.

Terceirização

M. Por falar em entidades, você quando foi presidente da Assespro (Associação das Empresas de Software, Tecnologia da Informação e Internet) defendeu uma reforma trabalhista?

E. Defendo a regulamentação da terceirização: a terceirização do Eu Sozinho Companhia Limitada ou da Empresa de 2 Pernas. Defendo porque ela existe e é uma realidade, não somente em nosso setor. Existe também nas empresas de engenharia, advocacia, hospitais, serviços em geral, artistas, inclusive de novelas, técnicos e jogadores de futebol; mesmo em empresas do Governo se utiliza essa prática.

No novo Estatuto Nacional da Micro e da Pequena Empresa há um artigo que permite a adesão do programador, desde que desenvolva suas atividades no estabelecimento do optante (Seção II, art. 17, parágrafo 1, inciso XXIII), ou seja, em casa. Tentei fazer isso, mas minha mulher, literalmente, me expulsou de lá depois de dois dias (*risos*).

Defendo a terceirização não para pagar menos impostos. Defendo porque é uma forma mais salutar na relação de trabalho. Paga-se pelo que realmente foi feito. O colaborador passa a fazer parte do risco do negócio e do seu desempenho. Em tempos de "vacas magras", ele também "participa", ganhando menos. Décimo terceiro salário e férias são definidos de comum acordo, conforme o desempenho e as necessidades. Contratos de propriedade intelectual também podem ser feitos com mais flexibilidade. A admissão e a demissão são menos complicadas. Paga-se menos impostos? Isto a regulamentação deveria acertar. Se possível, dentro do Simples.

Para o FGTS e a aposentadoria, creio que a melhor solução seria um plano obrigatório de previdência privada. Lembre-se de que o dinheiro do FGTS rende hoje menos do que a caderneta de poupança, que mal consegue compensar a pequena desvalorização do real. É claro que nenhum plano renderia o mesmo que a aposentadoria de um deputado ou de um governador, ou mesmo de um funcionário público. Mas, certamente, daria mais do que os míseros trocados que um aposentado da iniciativa privada recebe.

Jogo do Governo

M. Como os alunos assimilam tudo isso? Discutir política em sala de aula pode acabar em briga.
E. Depois que descrevemos a teoria, o aluno pratica. Para isso, temos o Jogo do Governo, cuja finalidade é colocar em prática o que aprendemos. O aluno faz o papel de Ministro da Fazenda. Ele tem todas as regras que interferem no dia-a-dia do governo. O conteúdo foi elaborado em conjunto com a Tendências Consultoria, do ex-Ministro Maílson da Nóbrega.

O Jogo mostra como se comportam os principais números da economia: importação, exportação, dívida pública, superávit e déficit fiscal, consumo privado, base monetária, saldo das reservas internacionais, valor do PIB, taxa de emprego, taxa de inflação. Os três últimos servem de base para a avaliação da popularidade do jogador ao final de seu mandato. Esta popularidade definirá a posição de cada jogador no *ranking* dos vencedores. As decisões envolvem basicamente aqueles conceitos que vimos: taxa de juros, carga tributária, gastos e investimentos do governo, captação ou resgate de empréstimos externos, privatizações e taxa de câmbio.

M. Qual é o objetivo do Jogo?
E. Fazer com que o aluno perceba que o papel mais importante do governo é aumentar o PIB. Somente com o crescimento do PIB, que é a soma de todas as riquezas produzidas no país, teremos mais empregos e renda. Emprego é o que a população, que cresce a cada ano, mais precisa, principalmente para os jovens. Deve-se ter cuidado, no entanto, para não provocar inflação, uma das principais causas da desigualdade

social. O nosso objetivo ao transmitir essa visão aos alunos é que eles passem a ler jornais e revistas especializadas ou a assistir programas de televisão com mais conhecimento, com mais interesse.

Também vão entender que, no fundo, não é só a iniciativa privada, por meio das empresas, que irá resolver o nosso problema de crescimento. As condições para o crescimento são dadas pelo governo. Sem elas, multinacionais que aqui estão, ou mesmo grandes empresas brasileiras, irão transferir suas fábricas para países que lhes ofereçam melhores condições, aumentando a oferta de emprego e a renda lá fora.

Jogo de Empresas

M. Além do Jogo do Governo, há também o Jogo de Empresas. No que consiste?
E. Assim como no Jogo do Governo, o Jogo de Empresas simula a situação de uma empresa. O aluno é colocado à frente de uma companhia e precisa tomar as decisões, diante de um mercado com forte concorrência. Estes concorrentes podem ser o próprio computador, cujas decisões são tomadas de forma randômica, ou outros participantes, até o limite de cinco jogadores, cada um responsável por uma empresa.

As fórmulas de todos os cálculos são apresentadas aos jogadores de forma explícita. Esta é a diferença entre o nosso produto e outros disponíveis no mercado. Qualquer decisão pode ser calculada matematicamente pelo aluno, que escolherá a melhor. Por exemplo: a decisão sobre o valor da folha de pagamento. Admitindo que as pessoas que ganham bem trabalham melhor, a cada aumento da folha há um incremento nas vendas e uma redução nas perdas. É possível, assim, calcular qual o gasto que gera o melhor custo-benefício.

O que procuramos mostrar é que todas as decisões de uma empresa podem ser calculadas matematicamente. Abaixo a "chutometria"! Essa é a palavra de ordem.

M. Além da folha de pagamento, quais são as outras decisões que deverão ser tomadas?
E. Procuramos reunir, em poucas decisões, tudo que é importante na gestão de uma companhia. O aluno decide o valor do capital inicial, a folha de pagamento, o gasto com propaganda, o retorno desejado, a previsão de vendas, a política de compras. Além disso, temos também as jogadas lúdicas, que dependem de habilidade com o *mouse*,

raciocínio rápido e, porque não dizer, sorte. Qual empresário não precisa de um pouco de sorte? Só alguns! Todas essas decisões influenciam na redução dos gastos de fabricação, nas perdas, no preço da matéria-prima e nos descontos oferecidos aos clientes.

M. Haverá um ganhador?
E. O vencedor é aquele que obtiver o melhor retorno sobre o capital investido, mantiver o caixa positivo e vender mais. O que ele ganha? Ganha conhecimento e, dependendo do professor, um brinde também.

M. Quanto tempo demora o Jogo?
E. O Jogo é rápido, mas como é possível mudar o cenário, várias partidas são jogadas na mesma aula. O mais interessante, no entanto, é mostrado no final.

M. Como assim?
E. Chamamos a melhor equipe, aquela que mais vezes ganhou, e aplicamos suas decisões. A seguir, utilizamos um simulador do Jogo, desenvolvido conforme os princípios vistos no Capítulo 3, que visa maximizar o lucro, testando todas as alternativas possíveis, que são mais de 150 mil. O simulador calcula a melhor alternativa e sempre ganha, levando apenas alguns segundos... e de lavada. Para o aluno isto é importante, pois mostra que as decisões podem ser melhoradas se utilizarmos recursos corretos. Muitas vezes, estes recursos de simulação estão embutidos em uma Solução ERP, no BI ou no *data mining*.

O ERPzinho

M. Nesta altura, o aluno já deve estar ansioso para colocar seus conhecimentos em prática.
E. É verdade. Temos vários exercícios práticos que são feitos em classe e que constam do livro. Mas, para permitir que o aluno coloque todos os seus conhecimentos à prova em uma situação real, desenvolvemos o ERPzinho. O diminutivo é proposital. O ERPzinho é uma espécie de amostra grátis do Protheus, o nosso ERP. Utiliza toda a tecnologia do software da Microsiga, tem as principais funcionalidades, porém é "engessado", ou seja, não pode ser customizado; é monousuário e não trabalha com base de dados SQL (Capítulo 5). Por sua vez, apresenta uma enorme vantagem: é gratuito e faz parte dos CDs que acompanham o livro *Gestão Empresarial com ERP*. O objetivo é permitir e incentivar o aluno a implantar o ERPzinho em uma empresa real e que até mesmo

fature alguma coisa na prestação deste serviço. Evidentemente, a empresa não pode ser muito grande.

M. O que o ERPzinho oferece?
E. Trata-se de um software básico de ERP, com as principais funcionalidades. Apesar de ser o "basicão", já há muita empresa trabalhando apenas com ele. Como não inclui a parte fiscal, é mais direcionado para empresas enquadradas no Super Simples. O software controla as despesas, as receitas, apura o lucro, classificando tudo de acordo com a natureza da operação. Não fala em débito nem em crédito, pois muitos odeiam estes termos! Mas, faz tudo que uma contabilidade oferece.

A cada lançamento pede a contrapartida que, no caso de uma despesa, pode ser a saída do caixa, de recursos do banco ou um registro no contas a pagar. Tanto na despesa como na receita, trabalha até com cartões de crédito. Em uma simples consulta o empresário acessa o demonstrativo de resultados, com a lista de despesas e receitas detalhadas por natureza e o resultado no período.

O controle financeiro é feito por meio do fluxo de caixa e do detalhamento dos valores a receber e a pagar. Os investimentos em aplicações financeiras e imobilizados e os passivos, representados por empréstimos, dívidas de longo prazo e capital investido, têm controle próprio.

Também o estoque é controlado, física e financeiramente, por meio da digitação das notas de compra e do faturamento. Quando falarmos do estado-da-arte em sistemas (Capítulo 8), veremos mais algumas funcionalidades do ERPzinho.

Contabilidade

M. O ERPzinho controla, então, boa parte da contabilidade.
E. Exatamente. É interessante como o pequeno empresário, de forma geral, não gosta de contabilidade e prefere entregar tudo a um escritório especializado. No curso, ensinamos os conceitos básicos da contabilidade em quatro horas, usando um vocabulário simples e muitos exemplos. Você sabe por que, em um balancete, a despesa está do lado do ativo? Esta é uma dúvida comum e nós respondemos: despesa é um ativo porque, quando se faz o pagamento do salário de um funcionário, por exemplo, a empresa está adquirindo o direito de

usufruir o seu trabalho. Se você gasta com marketing, você tem o direito de usar determinada mídia para anunciar o seu produto. É por isso que o ativo de uma empresa é constituído pelo seu caixa, pelo contas a receber, que são os títulos referentes às vendas a prazo, pelo estoque, que são mercadorias que vão se converter em dinheiro, pelo ativo imobilizado, que são as máquinas, instalações, veículos, e pelas despesas.

Outro tópico que algumas pessoas não conseguem entender: por que o capital fica do lado direito do balanço, que é o lado do passivo. Nós explicamos: porque é uma dívida que a empresa, como instituição, tem com os seus proprietários. Da mesma forma, as receitas também ficam do lado direito, constituindo um passivo.

M. Mas essas despesas e receitas não aparecem no balanço?

E. Sim, mas elas vão para o DRE — Demostração de Resultado do Exercício. Num primeiro momento, temos o balancete, que será encerrado mensal ou anualmente. Nele estão as contas de despesas e receitas, que serão consolidadas numa conta de resultado ou lucros e perdas.

Essa conta de resultado faz parte do patrimônio líquido, que vai fazer parte, juntamente com o capital, do que chamamos de valor contábil da empresa. É quanto ela valeria, pelo menos contabilmente, se encerrasse suas operações hoje. Em outras palavras, quanto sobrariam de recursos para os proprietários: todo o ativo (caixa, contas a receber, imobilizado), menos o que ela deve a terceiros, que é o exigível. Evidentemente, para que este valor represente a realidade, é necessário que todas as contas estejam corretas. Isso inclui os ativos que se valorizaram com o tempo, principalmente os intangíveis (marcas e patentes), os passivos não contabilizados, como ações em andamento ou sob risco etc.

Nós temos todo esse processo no ERPzinho, sem mencionar a palavra conta, que é substituída, propositalmente, pela palavra natureza.

Toda movimentação contábil parte do princípio de que "tudo que entra, sai". A contabilidade parte desse princípio. Quando você faz qualquer operação, não importa qual seja, o ativo sempre é igual ao passivo. Este mecanismo foi definido em 1496 por Lucas Paccioli, quando criou a contabilidade.

Por exemplo, se você comprou uma máquina a prazo, você aumentou o imobilizado (ativo) e o exigível (passivo). Se pagou uma das contas, diminuiu o valor do contas a pagar e reduziu o caixa, ou seja, diminuiu o passivo e o ativo. Quando você compra uma mercadoria à vista, aumenta o valor do estoque e diminui o caixa, isto é, mantém o ativo com o mesmo valor e não mexe no passivo. Atribuímos a esse demonstrativo da evolução do ativo e do passivo da empresa o nome de balanço. A palavra vem exatamente deste princípio: ativo e passivo sempre são iguais, como numa balança em equilíbrio.

M. Depois disto, os alunos continuam achando a contabilidade complicada?

E. Eu encerro o assunto com uma anedota. Havia um contador em uma empresa que, ao chegar no escritório, todas as manhãs, abria com sua chave uma gavetinha da escrivaninha e ficava alguns minutos olhando para ela, como que se concentrando. Um dia ele saiu da companhia. Desespero total, pois poucos ali entendiam do assunto como ele. Até que um de seus funcionários se lembrou:

— Olha, eu acho que tenho a solução. Diariamente ele abria esta gavetinha e ficava olhando para ela. Acho que todos os segredos estão aí dentro.

Chama-se o cara da manutenção, arromba-se a gaveta e o que se vê no fundo dela, escrito num papel, já amarelado pelo tempo:

DÉBITO: LADO ESQUERDO. CRÉDITO: LADO DIREITO.

Não se esqueça! (*risos*).

Capítulo 5

Evolução da Tecnologia e História da Microsiga

4ª e 5ª Entrevistas

Os primeiros computadores

M. Você pode resumir o que irá nos apresentar neste capítulo?
E. Inicialmente, falaremos da evolução do hardware. Por incrível que pareça, vivemos na era do computador há 61 anos! O primeiro equipamento, que funcionava a válvula, foi criado em 1945, dois anos depois que eu nasci, faz muito tempo. Chamava-se ENIAC — *Electrical Numerical Integrator And Calculator* e foi usado para o recenseamento, nos Estados Unidos.

No início, a evolução foi lenta. Apenas em 1959, ou seja, 14 anos depois, a IBM (*International Business Machines*), que alguns gostavam de chamar de Indústria Brasileira de Máquinas, trouxe para o Brasil o seu primeiro computador, o Ramac IBM 305, que foi instalado na Anderson Clayton, uma indústria norte-americana do setor de alimentos. Não me lembro dessa máquina. Lembro apenas que, no início da década de 1960, surgiram os primeiros computadores comerciais IBM 1620, que começaram a ser utilizados em nossas empresas. O 1620 era uma máquina tipicamente a cartão. Depois, vieram dois computadores de grande sucesso: o IBM 1401 e o IBM 1311, este último apenas com duas ou três unidades instaladas aqui no Brasil.

Tanto o 1620 como o 1401 e o 1311 não operavam mais com válvulas, e sim com transistores. Esta mudança reduziu bastante o tamanho das máquinas. A dissipação de calor era bem menor, embora o ar condicionado ainda fosse necessário nas salas, transformando-as em exuberantes "aquários" envidraçados, onde somente pessoas privilegiadas tinham acesso. Ficávamos, boquiabertos, olhando de fora, lá na Rua Araújo, no centro de São Paulo, os CPDs da IBM e Burroughs, lado a lado.

Além dessas, as máquinas da Bull, empresa francesa cujo bureau ficava na Rua General Jardim, onde trabalhei durante quatro anos, e a Univac, fabricante norte-americano, foram as primeiras a permitir o registro de programa na memória, ou seja, fizeram com que o computador fosse um equipamento flexível. Para cada tarefa, podíamos colocar um novo programa para executar um trabalho totalmente diferente.

Nessa época, ainda existiam as máquinas mecânicas, como classificadoras, intercaladoras, reprodutoras e calculadoras. Elas realizavam serviços paralelos e trabalhavam com "pegas", ligações bastante complicadas de fios que definiam a lógica do trabalho a ser feito. O interessante é que se utilizavam cartões, isto é, o meio de armazenamento dos dados eram cartões perfurados em máquinas que chamávamos hollerith. Essas máquinas faziam a perfuração no cartão ou em fitas de papel, já mostrando como funcionava a codificação binária. Se aquele ponto estivesse perfurado, o significado era 1 (um). Se não estivesse perfurado, o significado era 0 (zero). Até hoje, passando pelos meios magnéticos, pelas memórias eletrônicas e, principalmente, pela comunicação digital por meio das ondas, independentemente da faixa de freqüência, utiliza-se essa codificação binária, de 0 e 1, em contraposição à nossa codificação decimal, que trabalha com 10 caracteres, de 0 a 9. Cada um desses dígitos recebe o nome de *bit*. O conjunto de oito bits é chamado de *byte*, que em suas 256 configurações possíveis forma todas as letras, números, caracteres especiais, enfim, possibilita comunicação extremamente rápida e eficiente.

M. A palavra holerite é usada, até hoje, como sinônimo de folha ou comprovante de pagamento. Isto que você descreveu foi um marco mesmo?
E. Exato. Herman Hollerith, em 1884, criou o sistema de codificação binária em fitas de papel, usadas no censo demográfico de 1890, nos Estados Unidos. Falando de cartão perfurado, lembro-me de uma história curiosa. Em uma viagem ao exterior, comprei uma cartela com pequenos adesivos, que serviam para tampar aqueles buraquinhos do cartão perfurado, caso o usuário tivesse feito uma perfuração errada. Você transformava o

1 em 0 com aquele adesivo. Fazíamos uma brincadeira com os estagiários: embora o custo dos cartões perfurados fosse insignificante, pedíamos que recuperassem uma massa deles, colando todos aqueles adesivos e tampando os buracos, para serem reaproveitados (*risos*).

A idéia de um Sistema Integrado

E. Esse foi o início e eu já estava deslumbrado. A minha história na informática começou pouco depois de ter concluído a graduação em Administração de Empresas, na FGV, em 1965. O curso serviu de base para toda a minha vida profissional, mas também me mostrou que administrar é algo muito subjetivo. Talvez aquele comerciante do Bom Retiro, que mal tinha completado o curso primário, tivesse mais capacidade para administrar uma empresa do que eu, que estava um pouco angustiado, aflito, aborrecido, afobado, ansioso, apreensivo, agoniado, o que chamamos de "os sete As". Não conseguia visualizar muita ciência na arte de administrar. Só via experiência.

Passando um dia pela Av. Brigadeiro Luis Antonio, em São Paulo, um menino me entregou um folheto que anunciava: Cursos de Programação para Cérebros Eletrônicos. Já tinha ouvido falar, mas não fazia a mínima idéia do que era aquilo. Perguntei onde ficava e o menino me indicou uma escada. Subi, e lá chegando, a secretária disse:

— Começou hoje um Curso de Programação Autocode 1401. Se você quiser, há duas horas o professor iniciou a primeira aula.

Na mesma hora, entrei na sala de aula. Nesse momento, o professor estava ensinando o comando "*If*". O exemplo que ele usava era o seguinte: se salário for maior do que teto, paga imposto. "Se não" for maior, não paga. A máquina, por meio de um comando de programação, tomava a decisão de descontar ou não o imposto.

Naquele momento, surgiu uma idéia na minha cabeça: se o computador é capaz de tomar uma decisão como essa, certamente ele é capaz de administrar uma empresa. Precisamos apenas colocar todas as regras em um programa. Foi aí, também, que conclui que a administração pode ser uma ciência exata, bem definida e lógica. Nascia a idéia de um Sistema Integrado de Gerência Automática, ou seja, o SIGA.

M. Isto foi um marco na sua vida?
E. Sim. Percebi que nós podemos, por meio da inclusão de um conjunto de instruções no computador, fazer com que ele amanhã — isso ainda é

um sonho — venha a substituir o ser humano na maior parte das tomadas de decisão. Comecei, então, a trabalhar com empresas que mexiam com sistemas. No entanto, naquela época, era muito ousado pensar em informática. Tudo era muito caro, coisa de gente grande. Eu saí da OECI, que era uma empresa de consultoria, porque pedi ao meu diretor: eu quero trabalhar com processamento de dados, que era a expressão que se usava naquela época. Ele respondeu: "Isso ainda não é para nós."

M. O que significa OECI?
E. Organizadores, Economistas e Consultores Independentes, uma subsidiária da empresa de auditoria Roberto Dreyfus.

Deixei a empresa e fui trabalhar na Metal Leve. Comecei como programador, desenvolvendo um sistema integrado. O equipamento era um IBM 1620. Posteriormente, fui para a Máquinas Bull, que me proporcionou um estágio de seis meses na Europa que me ajudou muito. Lá, trabalhei num bureau de serviços, e o gerente sempre dizia: "Quem trabalha num bureau de serviços não precisa passar pelo purgatório. É tanta desgraça, que São Pedro dispensa este sacrifício."

Depois, fui para a ESC (Empresa de Sistemas e Computadores), uma subsidiária da Siemens, que comercializava o computador 4004 aqui no Brasil, concorrente de uma nova máquina da IBM, o /360. O equipamento da IBM, um sucesso estrondoso, era mais potente, com discos de alta capacidade, focado em teleprocessamento. O 4004 era uma máquina similar.

M. Duas perguntas rápidas: quando isto aconteceu? Qual o posicionamento da Europa em relação aos Estados Unidos?
E. Isso aconteceu em 1970. Os Estados Unidos, em relação à informática, sempre estiveram um pouco à frente dos europeus. A Europa era mais bairrista. Na época, em cada país do Velho Continente havia um fabricante que dominava o mercado. Na França, era a Bull; na Inglaterra, a ICL; na Itália, a Olivetti; na Holanda, a Philips; na Alemanha, a Siemens e a Nixdorf. É claro que, apesar de os norte-americanos estarem à frente, os europeus lançaram tecnologias avançadas, como o CMC7. A Siemens tinha uma parceria com a RCA, norte-americana.

Vale lembrar ainda que, naquela época, Estados Unidos e Europa estavam envolvidos na grande briga do Concorde. Os europeus queriam lançar o avião supersônico para mostrar ao mundo que, tecnologicamente, eram mais avançados do que os Estados Unidos. O Concorde foi, realmente, um grande avanço, mas a relação custo/benefício não compensava.

M. Os norte-americanos tinham também, na mesma época, um projeto de avião supersônico e desistiram.

E. Foram mais práticos. Os norte-americanos sempre foram muito práticos e objetivos. Mas, voltando à ESC, o sistema foi evoluindo. Naquela época, eu já tinha editado o primeiro livro sobre informática em língua portuguesa, denominado *Introdução à Análise de Sistemas*. Comecei a escrevê-lo no final da década de 60, em função dos cursos que ministrava. Inicialmente uma apostila, depois virou livro. Aliás, esta é a melhor maneira de se escrever um livro. Quando meu diretor na ESC, Werner Kotch, viu o livro, disse: "Vamos transformar esse sistema integrado que você descreve aqui em um sistema real. Entregaremos junto com o computador vendido pela ESC. Será um *plus* para os clientes." Para mim, foi magnífico. Se, de fato, tivesse ocorrido, seria a primeira entrega de software livre, de graça.

A ESC teve um desfecho muito rápido. Em setembro de 1974, de um dia para o outro, sem aviso prévio, estávamos voltando de um cliente, quando recebi a notícia: a Siemens alemã decidiu encerrar as atividades da ESC no Brasil. Os equipamentos que mantinha no país, aproximadamente 30 máquinas, passaram a ser mantidos pela Univac (hoje Unisys). Isto até o final da década de 1980. O verdadeiro motivo da saída da ESC do mercado nunca se revelou claramente. Para alguns, foi conseqüência dos resultados financeiros negativos, outros disseram que foi por conta de ameaças da IBM. Algo do gênero: deixe o segmento da informática, senão eu entro no ramo da telefonia.

Independentemente do motivo, no dia seguinte, eu estava desempregado, com uma pequena indenização. Mas, como diz o velho e sábio ditado: há males que vem para o bem. Era a época da reserva de mercado e eu estava com um sistema semipronto, pensando em vendê-lo como uma prestação de serviços. Pedi autorização ao Kotch para usar o sistema. Expliquei que pretendia montar um bureau de serviços. Ele autorizou e me "motivou", dizendo ironicamente:

— É, se um dia funcionar, pode dar certo.

O Bureau de Serviços SIGA

E. Naquele momento nascia o bureau de serviços SIGA — Sistemas Integrados de Gerência Automática Ltda. Eu tinha primos, cunhados, amigos, que trabalhavam em empresas de grande e médio portes. Ofereci a eles esta prestação de serviços. No início, eu nem tinha equipamento próprio. Daí surgiu a historinha do DataKombi. Como é que eu trabalhava? Durante o dia, pegava meu carro, visitava os clientes e retirava uma série de planilhas preenchidas. Levava para uma sala disponibilizada por um dos meus clientes, onde havia duas perfuradoras de cartão e uma verificadora. À noite, recolhia toda a massa de dados e, para fazer o processamento, ia até alguma empresa que ainda mantinha o equipamento ESC4004.

M. Eram planilhas com que tipo de informação?
E. Dados da folha de pagamento, por exemplo.

M. Preenchidas à mão?
E. Sim. Os dados contábeis, os lançamentos, dados do faturamento, dados dos pedidos, tudo era preenchido à mão.

M. E onde você fazia o processamento?
E. No Banco Bandeirantes, na Basf, Melhoramentos e Sharp. Como essas empresas utilizavam as máquinas durante o dia, eu tinha que fazer o processamento em horários bem malucos, geralmente à noite, de madrugada. Enfim, quando houvesse disponibilidade.

Certa vez houve uma enchente em São Caetano, na Grande São Paulo, e lá ia eu com a minha DataKombi, como era chamada — na realidade, era um Ford Belina azul claro —, de madrugada, voltando de uma noitada de trabalho bem-sucedida. Levava os discos magnéticos, as fitas onde estavam armazenados todos os cadastros, os cartões e os relatórios impressos. Chovia torrencialmente e a praça, onde ficava a Basf, estava alagada. Decidi ir em frente e, no meio do alagamento, o carro morreu. Eu, com todo o material no banco de trás, a água subindo e ninguém na rua. Não sei de onde me vieram forças, mas consegui, sozinho, empurrar o carro para fora do alagamento. Foi uma coisa impressionante.

M. As forças vêm. Nesses momentos de dificuldades, nós nos superamos sempre.
E. É verdade. Depois, num dia de sol, vi que o carro morreu em uma pequena descida que me ajudou a empurrá-lo, e deu tudo certo.

Outra história engraçada: uma vez, em desespero de causa, operávamos o computador de madrugada. Eu não estava presente, o trabalho já durava cinco horas, o faturamento estava quase finalizado e as notas fiscais impressas. Na impressão das últimas duplicatas, puft!, a impressora pifou! Faltavam apenas 15 duplicatas. O operador não teve dúvidas: pegou as notas fiscais com todos os dados, sentou-se defronte a uma máquina de escrever, ajeitou o formulário e datilografou as últimas duplicatas que faltavam para completar o serviço. Colocou tudo nas caixas e encaminhamos para o cliente.

À tarde, o cliente telefona e diz:

— Ernesto, dê uma olhada na sua impressora.

Perguntei porque e ele respondeu:

— Porque ela está trocando letras, está errando de vez em quando. Mas, o mais curioso, é que ela erra e, depois, ela mesmo corrige, rebatendo por cima! (*risos*).

Fui falar com o operador, que disse:

— É que eu usei a máquina de escrever.

Foi aí que descobri.

Há outra história interessante, desta vez mais trágica. Fizemos um programa para imprimir um relatório de estatísticas de vendas. Estávamos no CPD (Centro de Processamentos de Dados), testando o programa, colocando-o no ponto, como se dizia. Iríamos imprimir o relatório de um período muito longo, para uma empresa com enorme faturamento. Aparentemente, estava tudo correto. Usaríamos várias caixas de papel. A impressão seria em quatro vias e sabíamos que cada folha custava uma nota. Às 23h30, eu disse ao operador: "tudo certo. Agora é só rodar o serviço. Eu vou dormir."

M. Você não morava lá, não é? (*risos*).
E. Não, eu morava longe. Na manhã seguinte, fui ver o serviço. Lá estavam quatro ou cinco caixas, com tudo impresso. Pensei: deu mais do que eu pensava. Foi então que o operador disse:

— Na verdade, Ernesto, o serviço ainda não terminou. Tive que dar um breque no meio, porque acabou o papel.

Bem, sabe o que aconteceu? O programa entrou em *loop* e imprimia todas as páginas iguais. Quando o programa pulava da primeira para a segunda página, voltava ao início do arquivo. Então, ele imprimiu cerca de quatro ou cinco caixas de papel zebrado, nas quatro vias, com todas as páginas iguais! Página 1, página 1, página 1. E o operador não reparou.

A única idéia que me veio à cabeça eu expressei numa pergunta: porque você não usou papel higiênico para acabar o serviço? (*risos... ou choro*).

Alguns anos depois, recebemos nosso próprio equipamento e fizemos uma parceria com o principal cliente, a GEL — Gravações Elétricas Ltda., localizada na Avenida do Estado. Esta empresa editava os discos Chantecler, Fonodisc e Continental. Era uma companhia grande, que usava o nosso serviço e que topou fazer uma parceria, colocando o computador em suas instalações. Ficou acertado que em metade do dia, durante 12 horas, nós faríamos o serviço deles. Na outra metade, prestaríamos serviços para terceiros, em nome do bureau de serviços.

A entrada do Laércio Cosentino

E. O bureau, em pouquíssimos meses, já trabalhava 24 horas por dia, sete dias da semana. Estávamos na época da reserva de mercado e era muito difícil importar novas máquinas. Nós mesmos tentamos e não conseguimos. Rodávamos com o sistema já integrado, com muitos clientes. A pessoa que era responsável por toda a informática na GEL, um senhor chamado José Maria Cosentino, meu amigo até hoje, um dia me pediu para arrumar um emprego para o seu filho, um estudante de engenharia, de 17 anos. Seria um estágio para o garoto começar. Aceitei, salário baixo, encargos menores, pois era estagiário.

Foi assim que o Laércio começou a trabalhar conosco, em 1977. Logo de início mostrou uma capacidade de organização e uma capacidade técnica — porque ele também programava — impressionantes. Entre outros trabalhos, começou a desenvolver uma segunda versão do nosso sistema, inicialmente em Assembler IBM, depois em Natural Adabas, para pegar a nova onda que estava surgindo: o teleprocessamento. A Dow Corning, por exemplo, nosso cliente, passou a usá-lo em tempo real.

Foi em 1977, também, que a IBM inaugurou o seu prédio na Av. 23 de Maio, onde disponibilizava um CPD enorme para empresas que quisessem usá-lo para processamento à distância.

Vou contar outra historinha dessa época. Para usar o equipamento da IBM era preciso pagar várias tarifas: taxa para uso do disco magnético para armazenamento, uso da sala e, principalmente, uso da CPU (*Central Processing Unit*, Unidade Central de Processamento), que era caríssimo, cobrado por milissegundos.

Certa vez, um programa nosso entrou em *loop* e ficou rodando cerca de cinco minutos, usando só a CPU. Quando percebemos, *abendamos* o programa. Mas, no fim do mês, chegou a fatura. Nós pagávamos o equivalente a R$ 10 mil por mês para a IBM. De repente, chega uma fatura de R$ 100 mil! Imagine o susto. Se tivéssemos que pagar aquela fatura, a empresa quebraria. Foi uma semana de estresse. Negociamos com a IBM, que entendeu e, no fim, não nos cobrou o danado daquele *loop*.

Poucos anos depois veio o lance do almoço.

M. É muito interessante. Eu li no livro *Genoma Empresarial*, uma história que vale a pena ser contada.

E. Estávamos no início da década de 1980, quando começaram a surgir os primeiros microcomputadores, cada um com sua tecnologia. Não havia um padrão. Tínhamos o Sinclair, Prológica, Unitron, TRS-80, Polymax, MSX Gradiente, a Olivetti, com uma máquina muito boa, o BR1500, onde estávamos tentando desenvolver uma nova versão do nosso sistema.

Eis que numa manhã o Laércio me procurou e disse que queria almoçar comigo. Falou sobre a possibilidade de criarmos uma nova empresa para atuar no desenvolvimento de um software a ser processado nos micromputadores recém-lançados no mercado. O *know-how* existia e a idéia era partir para o desafio de converter o SIGA em uma tecnologia emergente. Discutimos mercado, máquinas e possíveis problemas a serem enfrentados devido à dificuldade de mão-de-obra, linguagens incipientes e tudo que se relacionava com a nova empresa. Naquela época, ainda havia uma grande dúvida sobre a microinformática: iriam ou não substituir os mainframes? Por conta da reserva de mercado, tínhamos minicomputadores já rodando no Brasil de fabricantes nacionais, como a Labo, Edisa, Cobra, Sisco, SID, depois a Novadata, Brascom, Medidata e a Microbase, com seu sistema operacional VirtuOS, genuinamente nacional e até hoje no mercado. Mas, a onda era a microinformática.

Passada a primeira fase do almoço, a idéia da nova empresa havia sido vendida. Era hora de iniciar a negociação dos percentuais de participação na futura sociedade. De um lado eu com a proposta de 90% a 10%, do outro ele, com a relação 50% a 50%. O tempo passou, 80% a 20%, 70% a 30%, 60% a 40%, 51% a 49% — e, por fim, quando já não existia nem mais cafezinho na mesa, a decisão final: 50% e 50%, nas despesas, nas receitas, nas alegrias e nas tristezas. Negócio fechado, estamos juntos até hoje, fidelidade 100%. Um aperto de mão selou a negociação.

Neste momento entrava em cena a pasta que ele trouxera debaixo do braço. Então vamos pensar nos detalhes da sociedade:

— Qual será o nome da empresa?

— Como será contrato social?

— Como será o logotipo?

— Qual será o nosso primeiro cliente?

— Qual a previsão de receita?

— E das despesas?

— Quanto seria o investimento?

— E o fluxo de caixa, era viável?

As respostas estavam todas dentro da pasta, prontas, e assim ficou fácil definirmos a estratégia. Até hoje, sempre que o Laércio tem um assunto delicado a tratar, prepara-se com tal esmero e cuidado que a discussão vira muito mais uma exposição de motivos do que uma briga inglória. Esta é mais uma lição que ele nos ensinou.

O início da Microsiga

M. O Laércio teve uma visão sobre o mundo da informática: esse negócio de bureau está com os dias contados; e foi o que aconteceu.

E. Sim. A dúvida era quanto tempo levaria até que este processo de *downsizing* (passagem de mainframe para micro) se concretizasse. Na minha avaliação, ainda levaria um bom tempo.

M. Por que você aceitou a proposta do Laércio, uma pessoa que ainda não conhecia muito bem?

E. A pergunta é boa. Naquele momento, o que eu realmente vi foi o seguinte: ele era uma pessoa com extraordinária capacidade administrativa e comercial, além de técnica. Programava, e bem, era formado em Engenharia, pela Politécnica. Na verdade, ao aceitar, eu estava trocando a cessão dos clientes do bureau pela capacidade e talento do Laércio. O que vale em um bureau de serviços são os clientes. Combinamos que os clientes que eram do bureau e que passassem para a Microsiga já entrariam como faturamento da nova empresa. É recuar um passo para, depois, avançar dois.

M. Eu achei extraordinária essa decisão de 50% para cada um, que tantas pessoas dizem que não funciona. Você poderia ter insistido em manter o controle da nova empresa. Você, entretanto, preferiu fazer essa troca.

E. Reconheci que, numa empresa, o mais importante é a liderança, o empreendedorismo, esse tino comercial, além de saber lidar bem com as pessoas. O Laércio tem essa capacidade. Eu sempre fui uma pessoa mais técnica, mais de estudar e desenvolver sistemas e programas, escrever livros, dar aulas...

M. Está provado que a sua decisão foi correta, persiste há mais de 20 anos.

E. Hoje, quando participo de eventos que tratam de incubadoras, a primeira coisa que recomendo é o seguinte: se a empresa não tiver dois sócios, um empreendedor e outro técnico, dificilmente irá para a frente. Há muito técnico que não aceita esta intromissão e, normalmente, se dá mal. Empreendedor é aquele sujeito que sabe vender, sabe administrar crises, sabe ser calmo, porém ousado, é persistente e "entrão".

Logo em seguida, o escritório da Microsiga foi transferido para a Rua Dr. Homem de Melo, no bairro de Perdizes, Zona Oeste de São Paulo. Estávamos em 1983. Outra decisão a tomar era definir a linguagem que iríamos utilizar para desenvolver o sistema em microinformática. Existiam várias linguagens. Neste ano, surgiu o PC, Personal Computer, lançado pela IBM. Foi a consolidação do microcomputador, não só em termos de padronização, como também em eficiência, facilidade de uso, qualidade. O processador era da Intel, as placas de outros fabricantes, bem como os periféricos. O PC, hoje, nem é mais da IBM, que vendeu recentemente essa Divisão para a Lenovo, empresa chinesa.

O PC tinha algumas opções de linguagem e fui para os Estados Unidos fazer uma pesquisa. Visitei várias *software houses* e, na volta, pelo menos até o aeroporto, estava convencido de que seria a linguagem C. Era a mais utilizada. Eu me sentia, porém, apreensivo. Poderia estar escolhendo uma linguagem de baixo nível, onde a programação é muito complexa e detalhada, e ficaríamos dependentes do programador. Em situações como esta dificilmente outra pessoa consegue fazer a manutenção. Já sofrêramos com este mal na primeira versão, em Assembler.

Mas eis que, no avião, encontro um amigo que trazia uma caixa com o dBase II. Explicou-me que se tratava de uma nova linguagem com sintaxe muito simples, onde era possível manipular arquivos sem fazer programas, uma linguagem interpretada, ou seja, não precisava ser compilada. Convidou-me para fazer um curso logo que chegasse ao Brasil. Foi o que fiz.

Um mês depois eu estava começando a escrever os primeiros programas em dBase. O Laércio também fez o curso e depois publicou três livros sobre o dBase, que foram um sucesso: *dBase II*, *dBase III Interpretado* e *dBase III Programado*. Usou uma metodologia interessante de ensinar programação, que empregamos até hoje em nossos cursos e no Capítulo 20 do livro *Gestão Empresarial com ERP*. Consiste em desenvolver um sistema completo e explicar os comandos à medida que eles são utilizados. Assim nascia a terceira versão do nosso sistema, a primeira para micros, em dBase.

A entrega dos fontes

E. Outro aspecto importante é que tínhamos que entregar os códigos fontes. Isto na década de 1980. Hoje, o Linux e toda essa filosofia do software livre estão estruturados sobre este conceito de entrega dos fontes. Entregar os fontes de um software significa abrir totalmente a tecnologia para o seu cliente, que pode, além de copiá-lo, melhorá-lo e alterá-lo sem o seu conhecimento. Pode até corrigir erros. Este conceito é uma faca de dois gumes. De um lado, beneficia o usuário, do outro, não deixa de ser um desestímulo à criação. Por esta decisão, ouvimos críticas e elogios.

M. A propósito, você falou dos bureaux. Quais eram os seus concorrentes naquela época, quem estava no mercado, já havia firmas estrangeiras?
E. Havia grandes bureaux nacionais, como Servimec, Schema, Fluxo, a Datamec e a System (o maior de todos, incorporado pela norte-americana ADP), que existem até hoje. Também estavam no mercado os próprios fabricantes, como IBM, Burroughs e Bull. Alguns bureaux daquela época saíram do mercado devido a essa revolução da microinformática.

Assim, fomos desenvolvendo o sistema em dBase II e entregando os fontes. Houve a evolução para o dBase III e dBase III Plus. Em seguida, veio o Clipper, que já era uma linguagem compilada. Mesmo assim, continuamos a entregar os fontes. Há uma história que eu não deveria contar, mas vou contar.

Certa vez um cliente ligou para mim e disse: "Ernesto, eu sei porque vocês continuam entregando os fontes, mesmo depois de terem introduzido o Clipper. O motivo é que, se vocês não entregassem os fontes, o sistema nunca iria funcionar! As correções que eu fiz hoje de manhã foram enormes!" (*risos*). Realmente, no trabalho com nossos clientes, houve muita sinergia. Ganharam eles, que melhoraram o sistema e o adaptaram às suas necessidades sem gastar muito, e ganhamos nós, que também usufruímos dessas mudanças, introduzindo-as no sistema.

M. Podemos dizer, então, que essas mudanças que eles faziam já eram o embrião do software livre?
E. Sim. O Linux nasceu com esta filosofia. Na verdade, são dois conceitos: software livre e software com código aberto (*open source*). Software livre é gratuito, como, por exemplo, o nosso ERPzinho. A entrega dos fontes é *open source*. O finlandês Linus Torvalds usou essa idéia de distribuir os fontes e todos colaborarem para melhorá-lo. Eu tenho uma camiseta, que ganhei num evento, do pingüim (símbolo do Linux), onde está escrito: "A vida seria mais fácil se tivéssemos o Código Fonte." O acesso ao código possibilita um desenvolvimento impressionante. Na Internet, existe uma enorme comunidade que trabalha no desenvolvimento do Linux e seus subprodutos.

A defesa do *open source* é válida, mas é polêmica. Há, de fato, o desestímulo a investimentos em novos produtos. É como acabar com as patentes e não respeitar a propriedade intelectual. Ignorar o direito autoral. As empresas podem assumir uma posição de esperar o outro desenvolver. Depois, é só copiar e fazer melhor. Esse é o argumento dos que atacam o *open source*. Além disso, há a questão de quem responsabilizar quando o software não funcionar.

Como presidente da Assespro, defendi muito a não abertura dos fontes de aplicativos, ventilada em alguns editais. Mas a polêmica continua, principalmente quando o usuário pede um desenvolvimento sob encomenda.

M. O que são exatamente os fontes e porque se usa o artigo masculino?
E. O fonte é o código escrito pelo programador. É aí que está a possibilidade de a pessoa alterar e modificar o sistema. Depois que ele é compilado, passa a ser um código binário, indecifrável. Fica mais rápido e fechado. O artigo os é usado porque a palavra códigos está oculta: os códigos fontes. É a mesma situação que descrevi no Capítulo 1: este livro chama-se *Um Bate-Papo sobre o Gestão Empresarial* com ERP porque a palavra livro está oculta.

M. Você já se referiu antes, ligeiramente, à reserva de mercado da informática. Você acha que a reserva de mercado foi boa?

E. O que nós vivíamos naquela época era um atraso em relação aos outros países. Na área de minicomputadores, eles já tinham o /32 e o AS400, ambos da IBM, e outras máquinas que permitiam o processamento bem mais rápido e econômico do que as usadas aqui. O Brasil se desenvolveu na área de microinformática devido a estas restrições. Creio que foi muito elevada a quantidade de fabricantes de PCs que surgiram: Nexus (Scopus), Itautec, Ego, Microtec, Microcraft, Medidata, Prológica, CCE, Logus, Sysdata, Telsist, Monydata, Microbase. Houve um momento em que tínhamos mais de 20 fabricantes ou montadores de PCs, além das empresas fabricantes de minis (SID, Sisco, Cobra), que também tinham suas versões de PCs, e o mercado cinza, montadoras que vendiam PCs com componentes adquiridos no mercado paralelo.

Quando houve a abertura do mercado, em 1991, com o governo Fernando Collor de Mello, a maioria não era suficientemente forte para fazer frente aos estrangeiros.

M. E a mão-de-obra?

E. A reserva de mercado ajudou no aprimoramento da mão-de-obra, mas poderia ter ajudado mais. Ela se desenvolveu, sem dúvida, principalmente na área de software. Por que a fusão da Microsiga, Logocenter e RM, formando o Grupo Totvs, é tão importante? Porque foi criada uma grande empresa, capaz de competir com os estrangeiros. Se naquela época tivesse acontecido uma fusão entre as companhias que citei, teríamos criado uma companhia (ou mesmo duas, três) forte em produto, recursos humanos e capital. Essa empresa seria capaz de exportar e competir com os estrangeiros em pé de igualdade. Essa é a vantagem da fusão. Eu sempre defendi a fusão da Assespro com a Abes. A fusão tem sacrifícios de comando, de vaidades pessoais, mas ela é necessária para criar musculatura nas empresas e nas entidades.

A versão Siga Advanced

M. E como estava a concorrência da Microsiga, naquele momento?

E. Naquele momento, final da década de 1980, o nosso sistema era uma colcha de retalhos, desenvolvido em Clipper, versão Summer. Cada cliente tinha praticamente a sua versão do sistema. Quando houve uma mudança forte na tributação do ICMS, foi um caos. Tivemos que atualizar cada uma das versões que estavam com os nossos clientes. Além disso, começaram a surgir algumas *software houses* com tecnologia mais avançada, principalmente navegação na tela facilitada e possibilidade de customização. A nossa customização era baseada quase que unicamente na alteração dos fontes.

Foi então que decidimos escrever uma nova versão do SIGA, que seria a Versão 4. A primeira, batch, foi em Assembler, a segunda em Natural Adabas, a terceira em dBase e Clipper. Inicialmente, pensávamos de novo escrever em C. Mas, justamente naquele momento, estava sendo lançado o Clipper, Versão 5, que já oferecia uma série de recursos avançados de programação, inclusive com um pouco de orientação a objeto.

Houve também, nesta época, um fato bem interessante. Ao circular em uma feira de informática, vi um programador apresentando um sistema com as características que gostaria que o nosso tivesse: telas mais coloridas, navegação fácil, uso de mouse, tudo em DOS. Achei a qualidade muito inovadora. Fui conversar com o rapaz, chamado Jorge Queiroz, que me disse: "Eu sou seu cliente" (e até criticou o nosso sistema).

Ele era de Fortaleza e, depois de muita conversa, veio trabalhar conosco, alcançando mais tarde o cargo de diretor do grupo. Montamos uma equipe, constituída por ele e alguns programadores, e começamos a desenvolver a versão SIGA Advanced, usando recursos bem mais avançados. Foi um sucesso essa versão. Na década de 1990, a Microsiga cresceu muito em função das novidades que apresentava. Infelizmente, o Jorge nos deixou anos atrás. Faleceu jovem.

Na Fenasoft (Feira Nacional de Software) de 1991, quando apresentamos o sistema, pensávamos em realizar uma palestra por dia, nos cinco dias de feira. Por conta das filas de pessoas que queriam participar, tivemos que repeti-la cinco a dez vezes por dia.

M. O que essa versão apresentava?
E. Várias técnicas, que podemos até dizer que eram simples, mas que foram revolucionárias e são usadas até hoje. Fico espantado como ninguém as copiou tão logo foram lançadas. Mesmo agora, são poucos os sistemas que apresentam estas vantagens. O recurso mais importante foi o Dicionário de Dados. Essa versão do SIGA Advanced também já permitia que se colocassem comandos fora do programa, interpretados em tempo de execução. Mas, vamos tratar desses assuntos no próximo capítulo.

Na década de 1990, tivemos várias evoluções importantes. Primeiro, a consolidação das redes. Elas já existiam, mas agora eram uma exigência, principalmente as redes remotas. O Clipper trabalhava mal com redes remotas, pois não tinha a arquitetura cliente/servidor. Tudo era rodado na estação. A cada atualização, o registro era lido no servidor, levado à estação para ser tratado e, posteriormente, devolvido ao servidor para a devida regravação. O trafego na rede era enorme. É como se tivéssemos uma central que nada processa, tudo é feito nas filiais, que recebem e devolvem os documentos para serem atualizados. E, naquela época, ainda não tínhamos a banda larga.

A segunda evolução foi o Windows, que começou a ser a referência como sistema operacional. Muitas *softwares houses* encerraram as atividades porque não conseguiram fazer essa transição do DOS para o Windows.

A terceira inovação foi o uso do SQL (*Structured Query Language*), uma base de dados mais robusta, com vantagens sobre as bases tradicionais, como integridade de dados, controle de transação, segurança e, principalmente, orientada para a arquitetura cliente-servidor. É o processamento voltando para perto dos dados, centralizado, como na época dos mainframes. Em função dessas evoluções a versão SIGA Advanced, lançada no início dos anos 1990, já estava obsoleta em 1995.

Resolvíamos, porém, por meio das ferramentas disponíveis no mercado, os problemas de redes remotas, adequação ao Windows e acesso a bases SQL. Também já se falava em *multi-tier* ou multicamada, isto é, processamento distribuído. Uma estação leve, com apenas tela e teclado, um ou vários servidores de aplicação e o servidor de dados armazenando as informações.

Tudo isto fez com que pensássemos em uma nova versão. Fizemos várias tentativas: o Delphi, o Visual Object — o Clipper para Windows —, linguagem que a Computer Associates havia comprado da Nantucket, mas que infelizmente não decolou. Tentamos o próprio SQL, escrevendo as rotinas em *Stored Procedures* e *Triggers* (gatilhos).

Protheus

E. Tentávamos várias tecnologias e não conseguíamos chegar a um consenso. Foi então que, no final da década de 1990, em uma manhã tensa, um analista recém-contratado, chamado Weber Canova (hoje VP de Inovação), apoiado pelo seu "padrinho tecnológico" Wilson de Godoy, que sucedeu o Jorge e até hoje é nosso comandante técnico, veio com a idéia maluca de desenvolvermos um compilador próprio. Seria uma linguagem proprietária, que pudesse trabalhar com a mesma sintaxe que vínhamos usando, permitindo, assim, o aproveitamento de dois milhões de linhas de código que tínhamos, "suadamente", escrito nos últimos oito anos. Era uma idéia ousada, afinal compilador era coisa de gente grande. Não havia ainda nenhum compilador desenvolvido em solo brasileiro. Além disso, era um investimento altíssimo. Apenas empresas norte-americanas desenvolviam compiladores, como Microsoft, Borland, Oracle.

Decidimos abraçar a idéia e começamos o processo. Mais uma vez, trancamos os desenvolvedores em uma sala com a incumbência de finalizar o projeto. Eles só sairiam de lá quando tudo estivesse pronto. Aquela situação me fez lembrar do desafio que fiz ao Ary Medeiros, quando ele olhou um BI trazido de uma empresa canadense. Coçou o queixo e disparou: "Podemos fazer melhor." E fizeram mesmo. Um ano depois a equipe do Armando Buchina e Marcelo Abe lançou o SigaEIS.

M. Isto me fez lembrar uma frase, de autor desconhecido, talvez Mark Twain ou La Fayette: "Eles não sabiam que isto era impossível, e assim conseguiram."

E. O nosso compilador foi lançado em 2001 e tornou-se um sucesso. Nascia então a nova versão, com um novo nome. Tínhamos que inovar em tudo e a Microsiga passou a ter como sistema o Protheus. Reconheço que o meu lado sentimental balançou: o nome SIGA iria desaparecer? A linguagem criada ganhou o nome de AdvPL — *Advanced Protheus Language*, hoje ensinada no curso TCM, que ministramos no Projeto Microsiga Dá Educação. Está resumidamente descrita no Capítulo 20 do livro.

É uma linguagem fantástica, com todos os recursos para a Internet, para dispositivos móveis, muito fácil de escrever, com muitas funções, rápida e robusta, que nos trouxe várias vantagens adicionais. Basta dizer que a DEM (Documentação Eletrônica Microsiga), se fosse listada, chegaria a ter mais de dois metros de altura em folhas de papel sulfite.

Evidentemente, este posicionamento tem seus custos. Precisamos estar sempre desenvolvendo, desde o IDE (*Integrated Development Environment*, Ambiente Integrado de Desenvolvimento), até novas classes, novas funcionalidades. Em contrapartida, esse é um dos motivos do sucesso da Microsiga. Entre as vantagens da linguagem podemos citar:

- Ficamos independentes de qualquer fabricante. Nossa solução tem vida própria;
- Não temos que revender ferramentas. O AdvPL é parte integrante do Protheus;
- Não dependemos de modismos. Somos nós que dominamos toda a tecnologia. A cada novo dispositivo de hardware decidimos se deve ou não ser adaptado;
- Respeitamos o legado. Tudo que foi feito no passado é interpretado pela linguagem;

- Somos muito ágeis em fazer com que o nosso sistema rode em Linux, em equipamentos móveis, na Internet ou em qualquer outro ambiente.

O Protheus foi lançado em 2001/2002 e estamos agora lançando a Versão Protheus 10. Na verdade, começamos na Versão 5 porque a última versão do SIGA Advanced foi a Versão 4 e decidimos continuar com a numeração. A evolução nunca pára. Já temos agora todas essas novas tecnologias: web, programação orientada a objeto, componentização.

M. Por que Protheus?

E. Protheus é um deus da mitologia grega, o deus da transformação, da metamorfose, do polimorfismo. O fator mais importante de um aplicativo comercial é a fácil customização. O sistema pode se transformar, ser aderente às necessidades do usuário. Então, nada mais justo do que dar a ele o nome do deus da transformação. O termo polimorfismo é originário do grego e significa muitas formas (poli = muitas, morphos = formas).

M. Ernesto, você algum dia sonhou que aquele seu bureauzinho, fundado lá longe, em 1974, um dia após a sua demissão da ESC, iria atingir esse tamanho, esta proporção?

E. Você não é o primeiro que me faz esta pergunta. Tudo não teria sido assim se eu não tivesse tido a sorte de conviver com um sócio como o Laércio e com a nossa equipe. Se bem que aí eu sempre digo: "Pois é, mas fui eu que escolhi... e soube manter (*risos*)."

M. No Capítulo 4 do livro *Gestão Empresarial com ERP* há uma pergunta feita à Clara, aquela executiva da empresa que é um sucesso: como é que esta empresa cresceu tão rápido? Foi fundada há menos de 20 anos, quase 1500 funcionários, líder de mercado... seja sincera, qual foi o "pulo do gato"?

E. Pois é, qual foi o "pulo do gato"? São várias as respostas possíveis e comuns: trabalho, muito trabalho, tratamento e atenção aos detalhes, sorte (um pouco), dedicação, perseverança, calma, ousadia etc. Ou, como o Laércio respondeu à revista *Exame 40 anos*, edição de 28 de março de 2007, que o relacionou entre os oito mais importantes empresários brasileiros. Indagado sobre como ele faz as suas escolhas, disse: "Ter sempre pelo menos três planos para alcançar o mesmo objetivo. É uma espécie de antídoto contra qualquer imprevisto."

Dividir para Multiplicar

E. Outro dia, no 1º Fórum Brasileiro de Inovação (*Voices for Innovation*), organizado pela Softex (Associação para Promoção da Excelência do Software Brasileiro) e pela Microsoft, no painel A Competitividade da Indústria Nacional de Software, procurei explicar como a Microsiga cresceu tanto. Como o José Rogério Luiz, nosso VP de Relações com Investidores sempre relembra, depois de ouvi-la de mim em festa de fim de ano, a resposta é simples: **DIVIDIR PARA MULTIPLICAR**. Foi assim que comecei a relembrar, naquele auditório, a história da Microsiga vista sob este ângulo.

- Logo no início, dividimos uma sala com um de nossos clientes, para colocar as máquinas de perfuração de cartões, dando vantagens interessantes para ele;
- Dividimos o computador com a GEL, e há que considerar que estávamos entrando na época da reserva de mercado. Foi bom para a GEL, que passou a ter um equipamento em casa, foi bom para nós, que tínhamos um cliente garantido. Isso exigiu muita negociação. Até minha vida particular foi investigada;
- Aí veio a sociedade com o Laércio, o epicentro desta filosofia de dividir para multiplicar;
- Ele também sempre pensou desta forma. Basta analisar a criação do nosso canal de distribuição calcado em franquias. O lógico seria abrirmos filiais por este Brasil afora. Com a franquia, cede-se boa parte do lucro, mas ganha-se um parceiro que se compromete, que se arrisca junto com você, que divide para multiplicar;
- Dividimos também com os clientes, porque não, todo o nosso conhecimento, entregando os fontes junto com o sistema, multiplicando, assim, o número de pessoas que trabalhavam no seu aprimoramento;
- Foi pensando assim que cedemos 5% do nosso capital para os funcionários;
- Em janeiro de 1999 dividimos com a Advent International Corporation, um fundo de participação norte-americano, ou equity fund, representada pelo empresário Patrice Etlin, cedendo mais 25% do nosso capital; a empresa se profissionalizou e iniciou o processo de abertura de capital;

- No México, dividimos com a Sipros a conquista daquele mercado;
- No Brasil, em janeiro de 2005 saiu a Advent, entrou o BNDES e, em fevereiro, dividimos com a Logocenter;
- Em 2006, dividimos com o mercado acionário, por meio do IPO, aderindo ao Novo Mercado da Bovespa (Bolsa de Valores de São Paulo);
- Mais recentemente, dividimos com a RM Sistemas.

M. Você disse, anteriormente, que alguns investidores estão mesmo interessados é nos resultados previstos, *money*. Você se recorda de algum fato curioso relacionado com isto?
E. Sim. Um dos advogados envolvidos na operação nos alertou: "Ao entrar na Bolsa, no Novo Mercado, você está dividindo sua empresa não só com investidores institucionais, mas também com as viúvas aposentadas lá de São Francisco, que não querem saber de conversa. Só querem dividendos."

É muita responsabilidade. É um alerta que vale, principalmente, para a Diretoria Executiva. Cabe a ela, agora, cumprir esta missão.

Dividir para multiplicar. É também a filosofia do Projeto Microsiga Dá Educação, a minha menina dos olhos. Dividir conhecimento, para ganhar seguidores. Somente assim a árvore que se planta dá frutos.

O futuro — Protheus 10

M. E o futuro, o que você espera dele?
E. O futuro próximo é o Protheus 10. Como este livro está sendo escrito na mesma época do seu lançamento, vou aqui reproduzir a carta que acaba de ser enviada aos clientes:

Prezado Cliente,

Ao longo de 2007, a Microsiga terá importantes novidades que contribuirão para fazer a sua vida mais simples. Fique atento ao lançamento do Protheus 10 e às melhorias do Portal do Cliente.

O Protheus 10 traz diversas inovações tecnológicas e operacionais. A nova versão do produto tem como foco principal agregar mais inteligência aos processos. Para atingir este objetivo, um dos diferenciais é a interface inovadora que garante melhor usabilidade do produto, facilitando o entendimento das informações e agilizando as atividades diárias da sua empresa. Conheça as principais inovações e as vantagens do Protheus 10:

— Acompanhamento e gerenciamento de informações por meio de gráficos.

Painel de Gestão: painel de indicadores e informações que contempla os principais módulos do sistema e permite ao usuário acompanhar e gerenciar sua área por meio de gráficos e informações gerenciais intuitivas referentes aos processos-padrão da área.

— Mais inteligência na disponibilização das informações.

Indicadores DW nativos: os indicadores de performance que normalmente são conseguidos com a implementação de ferramentas de *Business Intelligence*, como o módulo de DW (*data warehouse*), também estarão presentes de forma nativa na aplicação na forma de KPIs (*Key Performance Indicators*), levando inteligência e informação para todos os usuários do sistema.

— Nova maneira de navegar pelas informações.

Walk-Thru: esta funcionalidade possibilita ao usuário percorrer todo o fluxo do processo da informação. Por meio de uma navegação simples possibilita demonstrar todo o relacionamento e integrações entre as informações do sistema.

— Cópia de dados de maneira inteligente.

Get & Apply: este recurso permite que o usuário armazene uma ou várias informações na memória do Protheus 10 e aplique-as de modo contextual em outras funcionalidades do sistema.

— Localização de informações de forma mais rápida.

Protheus *Search*: trata-se de um localizador de informações que encontra as expressões desejadas dentro do banco de dados, atendendo ao usuário de forma rápida e eficiente.

— Novos relatórios personalizáveis.

Protheus *Report*: aprimoramento da tecnologia para a criação de novos relatórios personalizáveis. Agora, utiliza *Wizards* (perguntas e respostas) e publica automaticamente os novos relatórios criados no menu do sistema.

— Comunicação com toda a família Office.

TOII (*Totvs Office Interface Integration*): inovação tecnológica que proporciona a comunicação e uso das informações do sistema Protheus 10 com toda a família de produtos Microsoft Office, como Excel, Word, Outlook, etc. de forma fácil e rápida.

— Acesso ao sistema facilitado.

Single Sign-On: permite ao usuário que faça seu *Login* uma única vez no sistema operacional, não sendo mais necessária sua identificação no Protheus 10.

— Melhora no monitoramento dos processos.

BPM (*Business Process Management*): por meio desta ferramenta os usuários poderão mapear e gerir processos internos, com indicadores que podem ser do ERP ou não. O BPM é um aplicativo nativo e está totalmente integrado ao *workflow* do sistema.

Com todas estas inovações o Protheus 10 torna-se uma poderosa solução que traz inteligência aos processos e facilita o dia-a-dia dos usuários.

O Portal do Cliente também traz novas funcionalidades, a saber: banco de conhecimento, atualizador de produtos, liberação de senhas, dispositivos de segurança, atualização de informações referentes ao ambiente utilizado, entre outros.

Um forte abraço.

Marcelo Monteiro

Diretor-geral de Atendimento e Relacionamento Microsiga

E. Finalmente, resumindo a resposta à sua pergunta: o futuro é isso. Usufruir e viver novos desafios, junto com o pessoal da Microsiga. É como eu sempre digo ao nosso diretor de RH, Flavio Balestrin:

— Se eu morrer à tarde, venho trabalhar de manhã. Agora, no dia seguinte, só virtualmente (*risos*).

Capítulo 6

Programação

6ª Entrevista

M. A entrevista de hoje abordará a Programação. Sobre especificamente o que vamos falar?
E. Na última conversa, falamos sobre hardware e conceitos básicos da evolução da tecnologia. Agora, vamos falar sobre algo que me fascina, algo que pratiquei durante 30 anos, 24 horas por dia, sete dias por semana: Programação. No fundo, programação quer dizer desenvolvimento de software. Tudo que nós vemos no computador, desde o sistema operacional até os aplicativos, são programas desenvolvidos por um ser humano, que é o programador.

Eu costumo dizer, brincando é claro, que a humanidade se divide em duas raças: os programadores e os que querem ser programadores. Numa conversa de botequim, depois de 15 minutos, sou capaz de dizer quem é programador e quem não é. Por quê? Porque o programador tem o pensamento lógico, ou seja, avalia causa e efeito e está sempre procurando deduzir as razões e as conseqüências. Há uma anedota que mostra claramente o que é o raciocínio lógico.

O Haroldo saia de um curso, com um livro debaixo do braço, quando encontrou o Pedro. O título do livro era Curso de Lógica. Pedro observou a publicação e perguntou:

— Puxa, lógica? Curso de Lógica? O que é isso?

— Lógica é essa dedução que fazemos de todas as coisas na vida. Quer ver? Eu estou vendo que você carrega um aquário. Você deve ter comprado esse aquário agora, não é?

— É, realmente, eu comprei esse aquário aqui na loja e vou levá-lo para casa.

— Bem, se você está levando um aquário, é porque você tem uma criação de peixes na sua casa.

— Sim, eu tenho criação de peixes.

— Se você tem criação de peixes, logo você deve ter filhos pequenos, afinal, criança gosta de peixe em casa.

— Sim, eu tenho filhos pequenos.

— Bem, se você tem filhos pequenos, você deve ser casado.

— Realmente, eu sou casado. Você conhece a Cristina.

—Então, logicamente, você não é padre. Padres não podem se casar.

Pedro gostou da explicação e fez a inscrição para o curso também. Um belo dia, assim como Haroldo, Pedro caminhava com o livro debaixo do braço, quando encontrou o Marcelo, outro amigo, que lhe fez a mesma pergunta:

— Pedro, o que é esse livro? Lógica? Nunca ouvi falar nisso.

Depois de uma breve explicação, Pedro perguntou:

— Diga-me o seguinte: você tem um aquário na sua casa?

— Não, eu não tenho aquário.

—Ah! Então você deve ser padre (*risos*).

Resumo: o Haroldo vai ser um bom programador. Já o Pedro, nem tanto.

No curso, trabalhamos a lógica em três ou quatro exercícios, com o objetivo de ver se o aluno tem este raciocínio ou não. Nos cursos de Ciências da Computação e Sistemas de Informação também são estudados algoritmos, por meio de muitos exercícios. Ah!, vou lhe aplicar um teste sobre lógica!

M. Vamos lá.
E. Temos três pares de bolinhas pretas e brancas e cada par está escondido debaixo de um copo. Um deles esconde uma bola preta e uma branca, o segundo duas bolas brancas e o terceiro duas bolas

pretas. Na parte externa dos copos está descrito o conteúdo, mas sempre incorretamente: se o copo tiver duas bolas pretas, a descrição externa será "branca-branca" ou "preta-branca". A pergunta é: quantos copos precisamos levantar para saber o conteúdo correto dos demais?

M. Esta é realmente difícil.

E. Pouca gente acerta. Eu diria que a pessoa que responde corretamente na primeira tentativa pode, tranqüilamente, inscrever-se num curso de programação. A resposta certa é: basta levantar um único copo. No entanto, é preciso escolher o copo com a marcação "branca-branca" ou o copo "preta-preta". Vou explicar. Considerando que todas as descrições estão erradas, no caso de abrirmos o copo "branca-branca", temos duas hipóteses: ou as duas bolas são pretas ou teremos uma de cada cor. Se as duas forem pretas, deduz-se que no copo com a descrição "preta-preta" estarão as bolas preta e branca e, por sua vez, no copo "preta-branca" estarão as duas bolas brancas. Se as bolas encontradas forem uma de cada cor, podemos deduzir que no copo "preta-preta" estarão as duas bolas brancas e no "preta-branca" estarão as duas bolas pretas.

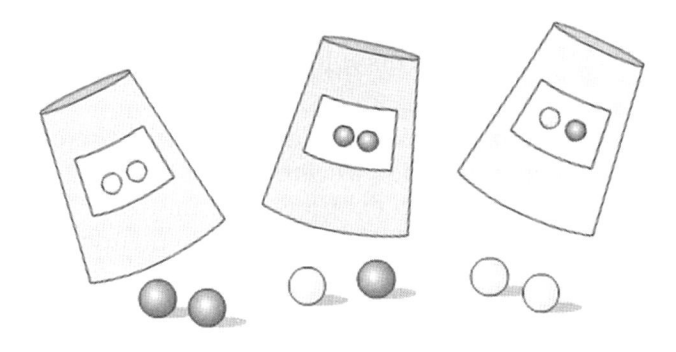

Figura 15 — Exercício de lógica.

Depois da explicação e de olhar o desenho, a resposta fica fácil!

M. Muito bem! Se você me desse umas três horas, acho que eu resolveria (Risos). Voltemos à programação.

Os comandos

E. No início, a programação era uma atividade mais "romântica". Havia apenas meia dúzia de comandos (também é usado o termo instruções)

— modo de falar, claro — para desenvolver todas as aplicações. Com o correr do tempo, a atividade foi evoluindo e afastou-se um pouco dessa característica, tornando-se algo muito mais técnico. Os comandos eram divididos em três grupos.

O primeiro grupo reúne os comandos aritméticos, como numa máquina de calcular. Você tem uma máquina de calcular, não tem? Nessa máquina, você tem os comandos de somar, subtrair, multiplicar, dividir e os outros, que são variações destas quatro operações: raiz quadrada, percentagem, seno, co-seno, expoente etc. No computador, temos um grupo de comandos que são as operações aritméticas, simples como em uma máquina de calcular.

O segundo grupo, que também existe numa máquina de calcular, são os comandos de entrada e saída (*i/o* ou *input e output*). Esses comandos têm como objetivo fazer com que aquele núcleo da máquina — que faz as operações aritméticas — seja capaz de expressar-se com o mundo exterior. Assim como o ser humano tem os cinco sentidos, visão, olfato, audição, tato e paladar, no computador também há canais para entrada de dados (*input*), por meio da leitura de arquivos locais ou remotos, do recebimento de dados do teclado ou muitas outras formas: *touchscreen* (tela sensível ao toque), coletores eletrônicos, leitura a laser, chips com RFID (*Radio Frequency Identification*, Identificação por Radio Freqüência) e até a nossa própria voz.

A saída de dados (*output*) do computador, por sua vez, corresponde à nossa voz, gestos e expressões. O cérebro recebe, processa e envia essas informações ao mundo exterior. O computador possui esses mesmos comandos, imprimindo relatórios, apresentando dados na tela, gravando arquivos ou enviando dados pela Internet para outros usuários. Até este ponto, o computador é exatamente igual a uma máquina de calcular: entrada, processamento e saída de dados.

É no terceiro grupo, que reúne os comandos lógicos, que o computador se diferencia da máquina de calcular. O *If* (Se), aquele comando que mencionei no Capítulo 5, quando relato o início da minha carreira, é o mais importante; se salário for maior do que teto, paga imposto. Se não for maior, não paga. Lembra-se?

Há vários outros comandos, como o *Do While* (Faça enquanto) e o *For* (Para), que fazem com que uma rotina se repita de acordo com determinadas condições. Por exemplo, processe repetidamente os dados enquanto o arquivo que está sendo lido não chega ao fim. Outros, como o *Do Case* (Faça caso), executam um comando dependente de uma condição.

Para sintetizar, podemos dizer que **programa** é um conjunto de comandos que obtém dados de arquivos ou do meio externo, processa logicamente esses dados (por isso a designação de "cérebro eletrônico", usada nos primórdios da computação) e grava todas as informações de volta no HD (*hard disc*, disco duro ou disco magnético) ou as envia ao mesmo ou a outro usuário.

Além deste conjunto de comandos, fazem parte do programa as variáveis. É como se estivéssemos em uma mesa, realizando os procedimentos de uma operação bancária e, em alguns espaços, fôssemos colocando o nome do cliente, endereço, telefone, saldo bancário etc. Essas informações são o que chamamos de variáveis. Elas são extraídas de arquivos para serem processadas na memória que, no exemplo, seria a mesa. O computador lê esses dados, os coloca na memória e os processa.

As variáveis podem ser de vários tipos: variáveis em formato texto, variáveis numéricas, usadas em cálculos, constantes predefinidas, entre outras. Há um tipo especial de variável bem interessante. Trata-se do *array*. Composto por células, lembra uma parede de azulejos, com linhas e colunas, ou uma planilha Excel. Aquele conjunto de informações forma um *array*.

M. *Array* escreve-se a-r-r-a-y?
E. Isso, *array*. Em português, seria matriz ou vetor. O *array* sempre precisa receber um nome específico e, para você se posicionar em cada uma de suas células, deverá mencionar a linha e a coluna, como no Excel. Isto é usado muito na programação, pois, como o *array* fica na memória, seu processamento é muito rápido. Às vezes, lê-se um arquivo inteiro, armazenam-se as informações num *array* e, depois, faz-se o processamento desse conjunto de dados.

Arquivos (tabelas) são conjuntos de registros (linhas) que têm nos seus campos (colunas) um espelho dessas variáveis de memória, que vão sendo gravadas de forma atualizada. Para visualizar melhor, um exemplo simples é quando vamos ao caixa eletrônico sacar determinada importância. Você entra com as informações para saque e o sistema acessa o registro com o seu nome, código e saldo. Estas informações são trazidas para a memória, o saldo é atualizado de acordo com o saque efetuado e, em seguida, é regravado no arquivo.

Esse é o processo básico de um programa de computador. A partir daí, são criadas e definidas todas as rotinas, como folha de pagamento, contabilidade, produção, CRM. Tudo é feito de acordo com esse princípio: entrada de dados, processamento e saída.

Programação estruturada

M. É difícil programar?
E. A atividade vem evoluindo e a primeira tendência na forma de programar foi a programação estruturada ou modular. Por que esta designação? Se fizéssemos um programa escrevendo todos os comandos, do início ao fim, ele se tornaria uma cadeia complicadíssima, incluindo desde os grandes tópicos até os pequenos detalhes. Decidiu-se, então, distribuir os comandos de forma organizada. Cria-se a espinha dorsal do programa, que será a rotina principal (main) e, posteriormente, tratam-se dos detalhes em sub-rotinas, também chamadas procedimentos. É nelas que detalhamos os comandos necessários para cada processo.

De modo geral, podemos dizer que sub-rotinas são um conjunto de comandos que recebem determinada denominação. Pode ser qualquer nome: João, Pedro, Minha Rotina, CalculaICMS, o que você quiser. A única restrição é que o nome escolhido não seja repetido no mesmo programa. Em determinado ponto do programa será necessário chamar essa sub-rotina. Em um programa de folha de pagamento, por exemplo, ao invés de escrever tudo em uma única rotina, o programador codificará em sub-rotinas:

1. LerDadosDoFuncionário
2. CalcularVencimentos
3. CalcularDescontos
4. CalcularLíquido
5. Imprimir

A seguir, o programador escreverá detalhada e separadamente cada uma das sub-rotinas chamadas.

As sub-rotinas evoluíram para as funções. É por isto que eu prefiro, para não confundir, usar "funcionalidades do ERP" e não "funções do ERP". Função é um conjunto de comandos que faz determinada tarefa e cujo principal objetivo é devolver o resultado dessa rotina. Se eu escrever A = CalcularLíquido(), o conteúdo da variável A, depois que a função for executada, será o resultado do cálculo.

Os bons programadores começaram a escrever as rotinas mais comuns em funções, como a rotina de impressão de cabeçalho ou testes de erros. Os programadores menos experientes, por sua vez, passaram a usar estas funções sem saber quem as elaborou e como elas foram criadas. Sabem apenas o que as funções fazem. Daí é que vem aquela frase do meu livro *O Computador e Processamento de Dados*: mais vale um programador que conhece e utiliza todas as funções disponíveis do que aquele que, normalmente "geniosinho" (*nerd*), reinventa a roda a cada nova aplicação e não utiliza funções. O que diferencia as linguagens de programação, entre outros fatores, é a quantidade e a qualidade de funções disponibilizadas.

As empresas começaram a desenvolver funções próprias e potentes, o que contribuiu para tornar a programação uma atividade cada vez mais fácil. No AdvPL, por exemplo, para fazer toda a rotina de cadastramento e atualização de determinado arquivo, é preciso escrever uma única função — AXcadastro — e colocar entre parênteses o nome do arquivo, que será o tal do Parâmetro.

Parâmetros

M. Você pode descrever o que são parâmetros?
E. Imagine que, todas as manhãs, você saia de casa e queira deixar algumas instruções para a sua empregada. Você diz a ela: arrume a cama, limpe a mesa da cozinha, abra a janela. Todo dia você passa esses três comandos. Um dia você decide: vou fazer uma função. E escreve apenas "arrume tudo". Esta função é composta por três comandos: arrume a cama, limpe a mesa da cozinha e abra a janela. A partir daquele dia, você simplesmente dirá à empregada "arrume tudo" e ela executará todas as atividades relacionadas com esta função.

Um belo dia, você chega e a casa está toda molhada. A empregada manteve a janela aberta, de acordo com as suas ordens, embora estivesse chovendo. Então, você diz: "Olha, Maria, vamos ter que criar outra função. Se estiver chovendo, você terá que fechar a janela." Agora, temos duas funções diferentes: uma para abrir e outra para fechar a janela. Mas, será mesmo necessário manter duas funções? Certamente que não. Precisamos apenas entender o conceito de parâmetro.

Parâmetro é uma informação que forneço para determinar como a função deve agir. Vamos usar aqui o comando *If*. Por exemplo, para o parâmetro Condição Climática temos duas opções: se o dia estiver ensolarado, abra a janela; se estiver chovendo, feche a janela. Não vamos mais dizer à empregada simplesmente "arrume tudo". Vamos dizer: "arrume tudo (ensolarado)" ou "arrume tudo (chovendo)". Ensolarado ou chovendo são opções do parâmetro Condição Climática, que irão determinar se a empregada deverá ou não abrir a janela.

A função ficaria assim: arrume a cama, limpe a mesa da cozinha e, *If* parâmetro igual a ensolarado, abra a janela, *Else* (Senão), feche a janela. Poderíamos ter outras condições meteorológicas no parâmetro. Neste caso, testaríamos cada uma das possibilidades ou usaríamos o comando *Do Case*.

É possível criar outros parâmetros, cada um com várias opções, que deverão estar separados por vírgulas. No nosso exemplo, outro parâmetro poderia ser Tipo de Alimento deixado na mesa da cozinha, com as opções: gorduroso ou não, implicando o modo de limpeza (água quente ou um simples pano). Desta forma, aquela função fica flexível, adequada a situações diferentes, definidas no momento da sua construção.

```
User Function TesteIF()                   // Identificação da Função: TesteIF.

   Local Salario   := 0                   // Define a variável Salário.
   Local Teto      := 2625,12             // Define a variável Teto com valor 1257,12.
   Local Imposto   := 0                   // Define a variável Imposto.

   @ 100,100 Get Salario                  // Solicita do usuário a digitação do Salário.

   If Salário > Teto                      // Se o Salário for maior do que o Teto então
      Imposto := Calcula_Imposto(Salario) // executa a função que calcula o imposto.
   EndIf                                  // Endif indica o término dos comandos que são
                                          // executados caso a condição seja verdadeira.

   @ 120,100 Say Imposto                  // Exibe o valor do imposto calculado.
Return                                    // Finaliza a função.

User Function Calcula_Imposto(Salario)

   Local Imposto   := 0                   // Define variável Imposto igual a zero
   Local Deducao   := 525,19              // Define variável Dedução igual a 525,19
   Imposto := (Salário * 0,27) - Dedução  // Efetua o cálculo do imposto
Return Imposto                            // Retorna o valor do imposto
```

Figura 16 — Exemplo de código fonte de um programa.

Customização

E. Os parâmetros também podem ser definidos pelo próprio usuário. Na função que calcula a rotina do estoque, por exemplo, algumas empresas aceitam que o saldo fique negativo, outras não. Na realidade, fisicamente, não existe estoque negativo. Eu, pelo menos, nunca vi! O estoque pode acabar, mas nunca ficar negativo. Mesmo assim, às vezes, na gestão de estoques registra-se a requisição de determinado produto antes da contabilização da nota de compra. Também pode acontecer de a empresa vender uma mercadoria que chegará ao estoque apenas no dia seguinte ou na próxima semana. Neste contexto, é preciso definir se a função AtualizaSaldo aceitará ou não o saldo negativo e se haverá parâmetros para isso. Quem definirá essas condições será o próprio usuário e não o programador.

Pode-se criar, por exemplo, um parâmetro chamado EstNeg (Estoque Negativo), que fará parte da função que trata do estoque. Na programação, se este parâmetro vier com o conteúdo igual a "Sim", o estoque poderá ficar negativo. Caso contrário, se o conteúdo do parâmetro for igual a "Não" e o estoque ficar negativo, aparecerá uma mensagem de erro. Como quem vai definir este parâmetro será o próprio usuário ou o analista de suporte, cria-se um arquivo de parâmetros, que será atualizado por ele. O programa, antes de chamar a função, fará a leitura desse arquivo de parâmetros, acessará o registro correspondente, no caso EstNeg, e colocará o conteúdo ("Sim" ou "Não") correto na variável EstNeg.

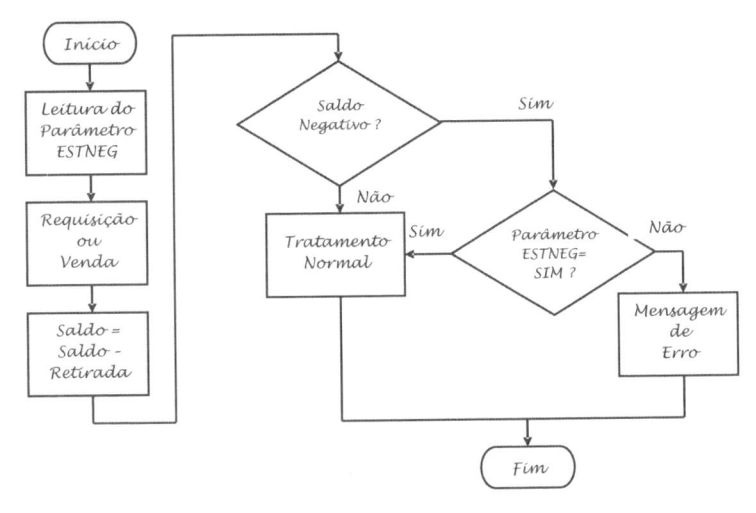

Figura 17 — Fluxograma lógico de uma função.

Para você ter uma idéia, o Protheus tem mais de seis mil parâmetros. É o próprio usuário ou o analista de suporte que irá definir estes parâmetros. Este é o primeiro passo no processo de customização, sobre o qual tanto se fala. Customizar é possibilitar a aderência do sistema aos processos do usuário. O sistema é instalado com regras e normas, mas precisa oferecer ao usuário as condições necessárias para adequá-lo às suas características e necessidades. A adequação acontece por meio da manipulação dos parâmetros. Vale destacar que o trabalho de customização, muitas vezes, pode demorar meses e custar alguns milhares de reais.

M. Este trabalho não acaba sendo repetitivo, principalmente no caso de duas empresas semelhantes?
E. Pode ser. Neste caso, temos um outro conceito, denominado *template*. Vamos considerar um analista de suporte que foi a uma empresa de calçados. Devido às características desta indústria, várias funções específicas foram incluídas no sistema. Todavia, essas rotinas somente serão ativadas por meio do posicionamento de parâmetros para aquele tipo de indústria. O analista precisa ficar na empresa várias semanas para definir, e até criar, os parâmetros ideais.

Um ano depois, o mesmo analista é chamado para outra indústria de calçados. Será necessário fazer todo aquele trabalho novamente? Não. O correto é montar um arquivo de parâmetros de acordo com cada tipo de negócio: indústria de calçados, de bebidas, plásticos, transformação, comércio etc. O conjunto de parâmetros é chamado t*emplate*. Com esse conjunto definido, o analista pode ir a outra indústria de calçados e, em cinco minutos, instalar o *template* e resolver o problema. Este *template* nem sempre é fornecido gratuitamente.

O conceito de parâmetro, por sua vez, tem um inconveniente: os programas precisam estar preparados para tratá-lo na função. Não adianta termos um parâmetro que não esteja previsto no sistema. É importante ressaltar, por isso, que toda forma de parametrização está limitada pelo que existe.

No exemplo anterior, se quiséssemos que a janela ficasse fechada na Condição Climática (frio), precisaríamos criar uma terceira opção. Como ela não existe, não é possível fazer a customização. Teríamos que alterar o código fonte.

Inclusão e alteração de funções

E. Há mais um recurso importante que, no Clipper, chamava-se macro, e hoje evoluiu bastante. São funções que podem ser escritas fora do programa e ser acionadas no momento da execução. Escritas pelo usuário ou pelo analista de suporte, essas funções permitem uma customização quase tão eficiente quanto a obtida com a alteração do código fonte. É flexibilizar sem despadronizar, ou seja, customizar sem mexer no fonte.

Quando compramos um software recebemos apenas o objeto, não os fontes. Se quisermos modificá-lo, não conseguiremos. Todavia, sempre existe a necessidade de flexibilizar, de customizar cada vez mais os sistemas. A solução foi permitir que certas funções pudessem ser incluídas ou alteradas, à semelhança do que ocorria com as macros do Clipper.

Para funcionar, um programa precisa ser compilado. A compilação traduz o programa fonte numa linguagem objeto (código binário), específica para determinada máquina ou ambiente. Esse código binário visa tornar o processamento mais rápido e também impedir que seja alterado. Há *hackers* que conseguem reconverter um objeto em um fonte. É a chamada engenharia reversa. Vale destacar, porém, que são poucos os casos em que isto ocorre.

Quando se carrega um programa na memória para ser processado, quem executa os seus comandos é um outro programa, residente na memória, chamado Server. No Java, o Server recebe o nome de máquina virtual, no *dotNet* chama-se *framework* e no nosso AdvPL é o Server Protheus. Na realidade, o Server é um programa situado entre o sistema operacional e o programa a ser executado.

Vejamos um exemplo bem simples: a folha de pagamento, com os cálculos dos vencimentos e dos descontos. Se não tivéssemos o Server, todos os cálculos teriam que ser feitos dentro do programa: cálculo do salário família, auxílio natalidade, férias, 13º salário, FGTS etc. As funções teriam que ser codificadas dentro do sistema de forma "engessada", ou seja, podiam ser alteradas apenas com o uso de parâmetros ou mexendo nos fontes. Imaginemos, agora, que um usuário lhe apresente a seguinte situação: há um novo vencimento referente ao qüinqüênio por mérito que precisa ser incluído. Isto significa que, quando um funcionário completa cinco anos de casa, passa a receber um prêmio igual a 20% do salário, mais outras bonificações. Isto está no sistema? É claro que não.

Com o Server, é possível escrever uma função fora do sistema para inclusão do novo vencimento. O analista ou o usuário (se ele for "fera", claro!), dentro da sintaxe definida pela linguagem, irá escrever uma função para calcular o qüinqüênio, que será chamada em tempo de execução.

De forma análoga, poderá escrever uma função que será chamada do menu do sistema: um novo relatório, uma nova consulta, um novo cadastro. Poderá até desenvolver um novo sistema, e não é raro isso ocorrer. Enfim, é o popular "se não faiz, nóis faiz fazê".

De maneira semelhante trabalha o Ponto de Entrada. Quando previsto no programa, possibilita alterar, por exemplo, um cálculo definido dentro do sistema. Neste caso, a função escrita pelo usuário substitui a original. Não há necessidade de chamar o programador nem ter acesso aos fontes para mudar o programa. Uma boa documentação é suficiente e necessária.

M. O que você quer dizer com "em tempo de execução"?
E. Significa que o usuário pode alterar a função minutos antes de rodar o serviço, pois ela não é parte integrante do sistema, é externa.

Dicionário de Dados

E. Outra dificuldade que toda aplicação comercial apresenta é a manutenção dos campos dos vários arquivos ou tabelas que fazem parte do sistema. Pode-se dizer que basta conhecer os seus campos para se ter uma clara noção do que o sistema faz.

Imagine uma tabela de clientes. Eu venho aqui e digo: Mauro, vamos atualizar o cadastro de clientes? Você acessa a tela, digita o código, nome, endereço e demais dados dos clientes. De repente, você me diz: "Preciso colocar também o nome das secretárias desses clientes. Tenho muito contato com elas." No entanto, não há um campo específico para essa informação no programa. Eu digo: "precisaremos customizar. Este trabalho terá um custo. Terei que alterar vários programas para incluir esse campo em todas as funções que manipulam o cadastro de clientes."

Para evitar todo este trabalho, é criado um "arquivo de arquivos". Chamado Dicionário de Dados, reúne todos os campos que serão manipulados pelos vários programas do sistema. Para cada campo colocamos todas as suas propriedades, como: tamanho, validação (que pode ser uma função escrita pelo usuário), obrigatoriedade de preenchimento, legenda em português, espanhol e inglês, seqüência de apresentação na tela e, até mesmo, se é visível ou oculto. Tudo armazenado nesse arquivo.

Os programas, em vez de tratarem os campos de forma explicita dentro do fonte, lêem esse Dicionário, gravam na memória e passam a trabalhar com base nessas informações. O usuário pode modificá-lo, incluindo novos campos ou alterando as propriedades existentes. Assim, para criar um novo campo com o nome da secretária, basta incluí-lo no Dicionário de Dados, fornecer suas características e propriedades e, daí em diante, o dado passa a fazer parte do arquivo, do cadastramento, das consultas, dos relatórios. Enfim, pode ser usado normalmente.

No Capítulo 20 do livro e no curso TCM explicamos em detalhes como os programas são montados para utilizar o Dicionário de Dados.

M. Quando surge uma nova versão do sistema, estas alterações são mantidas?
E. A definição dos parâmetros, inclusão e alteração de funções e modificações do Dicionário de Dados são mantidas nas novas versões. É por isso que a atualização de uma nova versão pode demorar horas.

POO

E. A POO (Programação Orientada a Objeto, *Object Oriented Programing*, OOP) foi a segunda tendência na forma de programar. Com a chegada do sistema operacional Windows, a programação deixou de ser procedural (onde os dados são tratados em seqüência rígida) e passou a ser por eventos. No Windows, o usuário pode levar o *mouse* a qualquer ponto da tela e clicar determinado campo ou botão. O programa, por sua vez, precisa responder àquela ação.

De modo geral, podemos definir o Windows como um sistema operacional que controla e entrega os comandos às aplicações sempre que ocorre um evento. Uma vez respondido o evento, o Windows reassume o controle. Entre dois eventos o usuário pode ter feito outras ações que, se não forem cuidadosamente tratadas pelo programa, com certeza irão gerar um problema, desde um erro indevido até um travamento motivado por um *loop*.

Para ficar mais claro, imagine a digitação de um cadastro de funcionários. Depois de informar que se trata de um horista, o usuário digita o salário, que por sua vez será consistido dentro de limites estabelecidos para este tipo de remuneração: por exemplo, entre R$ 5,00 e R$ 50,00. Em seguida, o usuário clica no campo tipo e, por engano, o altera para mensalista. Como ficou o salário? Errado, e o programa não detectou.

Por conta de funções mais sofisticadas, programar em Windows ficou muito mais difícil. É por isto que, às vezes, há janelas que inibem a digitação de certas opções ou o clique em determinados botões. Isto acontece porque o objetivo é restringir. Se não restringirmos, se não tornarmos inacessível aquele botão ou aquela opção, o usuário pode provocar um problema. É por isto que há tanto *loop* e travamento no Windows. Os problemas de travamento são o resultado dessa característica específica de permitir que o usuário faça a sua seqüência de operações usando o clique do *mouse*, às vezes, de forma até mais rápida do que o computador é capaz de responder. É a impaciência do usuário apressado!

Por sua vez, as linguagens para Windows permitem a programação visual, ou seja, você arrasta para a tela os objetos desejados e toda a parte de código fonte é feita pelo IDE (*Integrated Development Environment*). Para customizar cada objeto criado, definem-se as propriedades em uma janela dentro do IDE. Na parte de código, são feitos os tratamentos para os eventos, em especial para os cliques em botões, utilizando-se os comandos da linguagem, dos métodos de cada objeto e de funções.

Classes, propriedades, métodos e objetos
E. Considerada uma revolução na forma de programar, a POO trouxe novos termos que passaram a fazer parte do vocabulário tecnês, tais como: classe, propriedade, método, objeto, instância, herança, reusabilidade, polimorfismo. De acordo com a nova técnica, o sistema nada mais é do que um conjunto de objetos que devem ser processados de forma hermética, encapsulada. Cada objeto deverá cumprir perfeitamente aquele trabalho, aquele serviço, e entregar o resultado a quem o evocou. Vejamos os principais termos da POO:

Classe – É um conjunto de propriedades e métodos referentes a determinada funcionalidade; é um modelo, uma forma abstrata, que lembra uma planilha Excel. O Excel é uma classe. A classe em si não executa nada, apenas disponibiliza. Ao dar um nome à planilha, ao colocar valores nas células (propriedades) e, em outras células, ao utilizar funções (métodos), é instanciado (criado) o objeto. Depois de instanciado, o objeto pode ter suas propriedades e métodos alterados para aquele uso específico.

Pode-se dizer que a propriedade, também chamada de atributo ou variável da classe, substitui o conceito de parâmetro. Já o método, é semelhante a uma função.

Herança e re-usabilidade – Na vida real, os objetos são hierárquicos. Exemplo: pessoa é um objeto que pode ser um cliente, um funcionário (participante) ou um fornecedor. Funcionário pode ser um técnico ou um administrativo. O técnico pode ser um analista ou um engenheiro, e assim por diante. O ente superior tem as características básicas. O descendente tem as suas características específicas, além de herdar todas as características de seu superior.

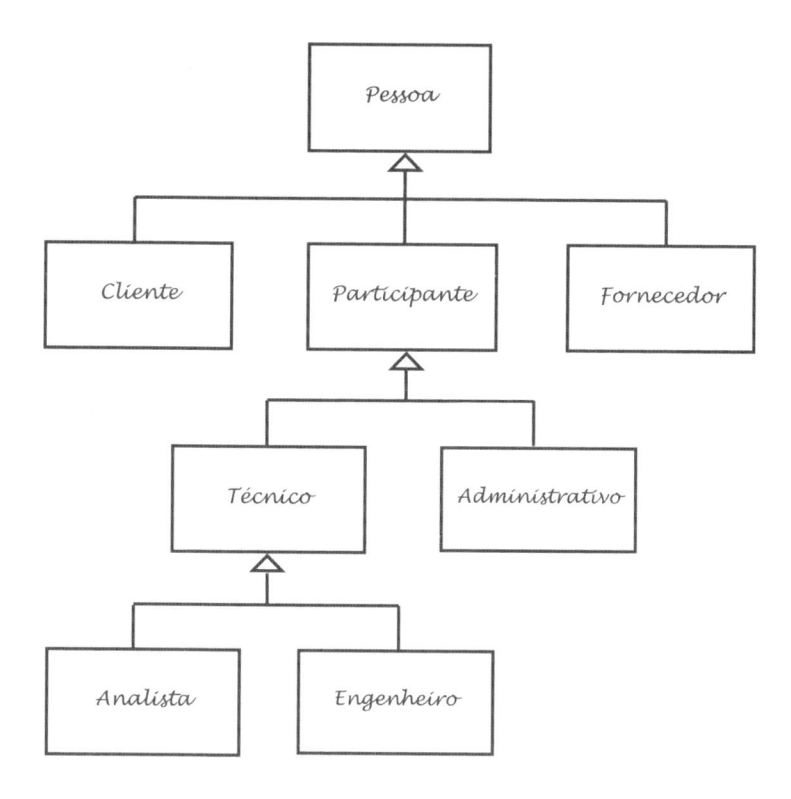

Figura 18 — Hierarquia de classes e objetos.

Da mesma forma, a POO também permite a hierarquia de classes e também considera a herança: se uma subclasse for criada de uma classe superior, herda todas as propriedades e métodos. É o que chamamos de re-usabilidade, isto é, aproveita tudo que foi herdado. Está claro que, além das propriedades e métodos herdados, criam-se novas. Caso contrário, não teria sentido criar uma nova classe.

O mais interessante (já que na vida real isto é bem complicado) é que os métodos herdados podem ser modificados. Basta reescrevê-los com o mesmo nome, para adequá-los a uma nova exigência. É o que chamamos de polimorfismo, aquele mesmo do Protheus, o deus da mitologia grega, do Capítulo 5.

Ao escrever um programa você instancia uma classe escolhida, transformando-a em objeto. Este objeto recebe um nome e, daí em diante, altera as suas propriedades e utiliza os métodos da classe, definindo como será feito o processamento.

M. Com a Programação Orientada a Objeto ficou mais fácil ou mais difícil programar?
E. Esta resposta é absolutamente polêmica. Como a quantidade de classes, propriedades e métodos é muito grande, especialmente em linguagens como Java, VB.Net, Delphi e C# (pronuncia-se *CSharp*), é preciso estudar muito e conhecê-los muito bem. Depois que o programador adquiriu este conhecimento, não só fica mais fácil programar, como também fica mais rápido. Se o programador souber usar bem conceitos como re-usabilidade (aproveitamento de classes existentes), a atividade ganha muita agilidade. Outro fator que facilita a tarefa de programar é fazer um bom projeto do sistema a ser desenvolvido. Para isso, utiliza-se a UML — *Unified Modeling Language* —, metodologia descrita no Capítulo 8 do livro *Gestão Empresarial com ERP*.

Componentização

E. Componentização é outra tendência da programação. Como o próprio nome diz, trata-se da programação partindo do uso de componentes desenvolvidos por terceiros. Os componentes oferecem determinado tipo de serviço e rodam (ou pelo menos deveriam rodar) em qualquer ambiente. Hoje, já existe um comércio de componentes na Internet, principalmente para serviços, processos ou cálculos mais complexos, como fornecer a melhor rota entre dois pontos ou calcular um imposto complicado. O uso do componente é feito por meio de interfaces e envio de mensagens. Afirma-se que, no futuro, a programação e o desenvolvimento de sistemas nada mais serão do que a utilização de componentes adquiridos de vários fornecedores. Quem viver verá!

Cada vez mais, utilizam-se serviços disponibilizados na *web*. Há várias modalidades de utilização. Os Correios (ECT), por exemplo, informam o nome de um logradouro quando fornecemos o número do CEP. Basta utilizar o componente que trata esta funcionalidade. Isso é SOA, Arquitetura Orientada a Serviços, descrita no Capítulo 2.

M. A tendência, então, é isto se espalhar cada vez mais?
E. Principalmente quando se menciona a arquitetura aberta, tudo deve ser compatível. Por exemplo, eu estou rodando aqui com um sistema operacional Linux, a minha linguagem é AdvPL, que é a linguagem da Microsiga, o meu banco de dados é SQL, que é da Microsoft. A sua máquina tem Windows, mas usa o banco de dados DB2 da IBM e a linguagem é VB.Net. Nossas plataformas são diferentes, mas eu utilizo os seus componentes para fazer um serviço e você utiliza os meus.

Até algum tempo atrás isto era incompatível e, dificilmente, se conseguia fazer esta troca. Hoje, com a padronização do XML (formato de arquivo que serve como meio de transporte dos dados de um lado para o outro), esta prestação de serviços tornou-se possível, independentemente das plataformas.

M. É uma mudança forte. Percebo aqui uma situação parecida com a da indústria automobilística, onde as fábricas de veículos decidiram trazer para perto de si os fabricantes de autopeças, também chamados "sistemistas". Será que o mesmo acontecerá com as *softwares houses*, que teriam os seus "sistemistas" localizados em qualquer lugar do mundo, entregando serviços instantaneamente, via Internet?
E. Comenta-se, já há algum tempo, que uma forma interessante de se ganhar dinheiro com a Tecnologia da Informação é desenvolver um conjunto de bons componentes. Jogos no telefone celular, sistemas de buscas, todas essas rotinas são componentes. O Google, por exemplo, vende hoje um componente de busca que pode ser incorporado em qualquer *site*.

M. Ernesto, para completar essa sua excelente aula sobre programação, quero perguntar: Por quê você abandonou a programação, de que tanto gostava?
E. Mauro, vou lhe contar uma coisa. Em julho de 1992 aconteceram três fatos marcantes em minha vida: a Microsiga mudou-se do acanhado

escritório da Rua Homem de Melo para o então majestoso prédio da Av. Brás Leme, 1399; eu me separei; a versão que estava sob minha responsabilidade, a 5.48, foi descontinuada e passei a cuidar mais do Suporte e da Educação.

Verdade seja dita, o que mais seqüelas deixou foi parar de programar. Estou lhe contando esta história com absoluta autorização da Rosa, a esposa em questão, até hoje nossa grande amiga e mãe de três dos meus quatro filhos. Autorizou porque reconhece que ela é verdadeira (*risos*).

Isto aconteceu há 15 anos. Hoje, penso seriamente em voltar a programar. Não só porque gosto, mas também porque estou certo de que esta é uma profissão de sucesso, que garante emprego por toda a vida e certamente me dará um futuro promissor. São mais de 20.000 vagas em aberto, segundo o MCT (Ministério da Ciência e Tecnologia)! (*risos*).

M. Ernesto, pelo que vimos, programar é uma atividade bastante estafante e demanda muita persistência.
E. E, também, muita calma, muita paciência. Às vezes, gasta-se dias "derrapando" num erro e, depois, verifica-se que se tratava apenas de uma propriedade que não foi devidamente definida. Mas, quando o programa começa a funcionar, quando, finalmente, mostra o resultado esperado na tela, todo o esforço é recompensado. Poderia até dizer que a sensação é a mesma sentida em um orgasmo (*risos*). Considerando que programar também é um ato de amor, nada mais justo do que esta comparação.

Capítulo 7

Normas de Qualidade para o Desenvolvimento e Implantação de Software

7ª Entrevista

M. Você tem a palavra, Ernesto.
E. Vamos falar hoje sobre um assunto amplamente estudado em cursos e com farta literatura disponível. Trata-se de normas, padrões, metodologias e melhores práticas para o desenvolvimento e implantação de software, cujo principal objetivo é garantir a qualidade do produto. No decorrer de nossas entrevistas, já dissemos que um programa de computador dá "pau" mesmo. Na verdade, a expressão correta que se usa é não-conformidade. Na minha avaliação, as pessoas se conscientizaram disso e perceberam que, se essa é a situação, é preciso resolvê-la. Assim, arregaçaram as mangas e começaram a trabalhar duro. Mas, quero iniciar este capítulo com uma importante dica ao programador:

— Procure sempre fazer as coisas bem feitas e certas da primeira vez. Capricha, vê se não erra!

Não são esses os conselhos que recebemos desde a tenra infância? A turma da programação nunca foi muito fanática nesse quesito, até porque não se trata de uma tarefa fácil.

Como já disse, programação exige muita criatividade e as idéias não vêm por encomenda. Então, quando é solicitado um planejamento, anteprojeto, projeto, análise de requisitos, orçamento, fica difícil definir e prever, logo de início, todos os detalhes necessários. As idéias fluem durante o próprio desenvolvimento. O processo de criação, geralmente, acontece no momento em que estamos desenvolvendo. Hoje, todos pedem redução de prazos, mais redução, redução de custos, mais redução, qualidade impecável, perfeição. Enfim, cada vez mais (funcionalidades) por menos (custos); é o que todos querem. E haja estresse! Às vezes, eu até me pergunto se é realmente válida e necessária tanta pressão. Seriam os efeitos da globalização? Ninguém vai morrer amanhã! (risos).

M. A programação é uma verdadeira criação artística, eu sinto isto.

E. No final da década de 1990, os cursos de Ciências da Computação e Sistemas de Informação começaram a tratar esse assunto de maneira mais séria. Criaram uma disciplina chamada Engenharia de Software ou Engenharia de Sistemas. O MEC (Ministério da Educação e Cultura) orientou que a disciplina fosse incorporada às grades curriculares. Eu diria que esse movimento ganhou força por meio de livros, como o *Engenharia de Software,* de Roger S. Pressman, editado em português apenas em 1995.

O que impressiona, no entanto, é a profusão de normas, padrões, metodologias e melhores práticas que começaram a surgir. Hoje temos várias, com características pouco diferentes. Quase sempre desenvolvidas por institutos norte-americanos e europeus, estas normas, padrões e metodologias têm um objetivo: o desenvolvimento de software deve ser feito com a qualidade adequada, de forma profissional e regulamentada. Em outras palavras, colocar ordem na casa. Selecionei as seguintes para abordarmos aqui:

TQM	COBIT	ISO 9000
CMMI	MPS	ITIL
PMI	SOX	SPICE
SLA	SIX-SIGMA	

Tenho um caso, ainda da época do bureau, que é engraçado (ou triste!). Havia um cliente que não queria saber de descumprimento de prazos. Ele foi ao bureau e disse que não iria embora enquanto o serviço não ficasse pronto. O pior é que o programa ainda não estava totalmente concluído. Foi uma pressão enorme. Roda daqui, testa dali e, finalmente, a impressora começou a trabalhar. Relatório pronto, o cliente apanhou aquele maço de papel, sem olhar direito, colocou debaixo do braço e saiu correndo para uma reunião de diretoria. Os diretores estavam esperando pelo material e eu conseguira terminar o programa no prazo.

No dia seguinte, Mauro, o cliente volta ao meu escritório com o relatório, bufando, vermelho de raiva e grita: "Ernesto, está tudo errado!" Meio sem jeito e sem saber o que falar, eu respondi: "Mas o que você queria? Que saísse no prazo e ainda por cima certo? (*risos... ou lágrimas*).

Enfim, temos que tratar do assunto porque ele é importante, mas já vou avisando: somente lendo os longos manuais e livros sobre cada tema é que se poderá virar especialista.

TQM

E. Vou começar com o TQM (*Total Quality Management*, Gerenciamento com Qualidade Total), a sigla mais antiga de que me lembro. O TQM, desde o início, definiu normas relativas aos atributos que devem ser avaliados para se estabelecer a qualidade do software. Partiu dos seguintes pontos básicos:

- **Facilidade de uso:** o usuário precisa navegar no sistema e conseguir se achar, sem muito treinamento. Além disso, o programa deve ter conformidade com as necessidades do usuário, estar de acordo com os requisitos estabelecidos por quem pediu aquele desenvolvimento e conter muitos *helps* (ajudas), claros e fáceis de entender;

- **Segurança da informação:** o sistema deve ter acesso restrito, com senhas. Os arquivos não podem permitir invasão fácil;

- **Flexibilidade:** o sistema deve ter facilidade de adequação. Este é um ponto importante. Lembre-se de que falamos em flexibilizar sem despadronizar, usando a palavra customização. Isto significa adequar o sistema às necessidades específicas daquele usuário.

M. É para esquecer aquela máxima que você mencionou em *off*? É mais fácil adequar a empresa ao sistema do que o sistema à empresa?
E. Temos que esquecê-la: é o sistema que precisa se ajustar à empresa. Já disse: cada vez, mais por menos!

- **Portabilidade:** o sistema precisa rodar em vários ambientes, tanto Linux quanto Windows, numa máquina

Macintosh, numa máquina Intel, com qualquer banco de dados, agora também no *palm*, no *pocket PC*, no *browse* (navegador da Internet);

- **Estabilidade:** se você me perguntar qual é o critério de avaliação mais importante, vou lhe dizer que é esse. Quando, por exemplo, o Windows trava e ficamos loucos da vida, quando perdemos um arquivo sem saber o porquê, quando o sistema *abenda*, encerra o programa, dando um erro totalmente sem sentido, trata-se de uma falha na estabilidade do sistema. O processo todo entrou num *loop*, travou, e isso é quase sempre um erro do software;

- **Performance:** o último critério avaliado refere-se ao desempenho do sistema. Numa máquina normal, a desculpa de que ela é lenta, e não o sistema, nem sempre é aceita. Às vezes, eu ia a clientes e era desafiado: diziam que o nosso sistema tinha "talento".

M. Tinha talento? Isso é bom!
E. Não, está lento! (*risos*). Porém, apesar da brincadeira, eu sempre constatava que, enquanto o nosso sistema rodava em uma máquina baratinha, pequena, com pouca memória, o sistema do concorrente rodava em uma máquina três vezes mais potente. Eu dizia: "Assim, o meu também roda rápido, com esse hardware potente!" A performance de um software tem sempre que ser analisada dentro de um hardware equivalente, cada vez mais "parrudo". Veja o Windows Vista: exige 2 gigabytes de memória e processador dual core. É o custo da evolução.

Essas normas do TQM que vou resumir aqui são parecidas com as da ISO 9126. O objetivo é sempre o mesmo: o cuidado que se deve ter para que esses critérios de avaliação estejam perfeitamente de acordo com o que foi requisitado e com um projeto preestabelecido. Algo que também é interessantíssimo de mencionar é que, em nenhuma das melhores práticas, o instituto ou a entidade responsável pela avaliação faz um teste exaustivo do software em si, nem mesmo a ISO 9000.

Uma vez perguntei ao auditor: "Como vocês avaliam a qualidade, se não testam o produto em si, testam apenas o processo?" Resposta: "Se você faz o processo perfeito, conseqüentemente, o resultado será um produto bem feito. Mesmo que o produto apresente defeitos, se os procedimentos que devem ser tomados quando houver um problema, dentro do critério de avaliação de qualidade, estiverem definidos de forma adequada e bem documentada, você terá atendido à norma." Isso é muito importante: parte-se do princípio de que devem ser estabelecidos procedimentos para o processo de desenvolvimento. Se você seguir esses procedimentos, certamente o produto final será de qualidade.

COBIT

E. O COBIT (*Control Objectives for Information and Related Technology*, Objetivos de Controle para as Informações e Tecnologias Correlatas) é uma metodologia considerada o guarda-chuva de todo o processo de qualidade na área de TI e também em outras áreas. O COBIT certifica pessoas. Muito abrangente e genérico, os principais tópicos do COBIT são:

- Manter os serviços de TI disponíveis;
- Entregar valor: uma solução que agregue algo;
- Redução de custos;
- Ambiente correto;
- Gerenciamento dos riscos, verificando quais são as probabilidades de haver problemas;
- Recursos;
- Monitoramento do desempenho, controles.

ISO 9000

E. A ISO 9000 é a norma que mais agitou o mercado. Na Microsiga, conseguimos a certificação em abril de 1996. Fomos a primeira *software house* brasileira a recebê-la. O processo de certificação é feito por entidades certificadoras, credenciadas por um órgão acreditador, que no Brasil é o Inmetro (Instituto Nacional de Metrologia, Normalização e Qualidade Industrial). A ISO (*International Organization for Standardization*, Organização Internacional para Padronização), sediada em Genebra, Suíça, é a responsável pela padronização e divulgação global de inúmeras normas de qualidade. A ISO 9000 é uma das mais conhecidas.

M. Há várias entidades certificadoras no Brasil, como a Fundação Vanzolini e outras.

E. Sim. Na Microsiga, fizemos a certificação da ISO 9000 e, agora, a avaliação da CMMI, com a Fundação Vanzolini.

M. Qual é o papel da Associação Brasileira de Normas Técnicas, ABNT?
E. A ABNT é o órgão brasileiro responsável pelas normas ISO que, na verdade, são um conjunto de normas. Para software temos: ISO 9000, 9126, 12207, 15504, 17799, 20000, 27000. Apesar de cada uma tratar de um assunto específico, no fundo, todas foram estruturadas sob aqueles mesmos pontos básicos que já vimos.

Após a certificação inicial é preciso fazer recertificações periódicas, a cada seis meses ou a cada ano. É uma espécie de fiscalização e os auditores são bem rigorosos. Se a empresa não cumprir as normas, a certificação é cancelada. O ponto forte exigido pela ISO é a documentação. A empresa precisa documentar tudo, principalmente as situações que demandem procedimentos de emergência. Se houver um incidente e existir um plano de ação corretivo e preventivo bem documentado, incluindo os procedimentos para chegar a uma solução, o incidente deixa de ser um problema.

Outra exigência importante é a rastreabilidade: como a empresa identifica os fatos que desencadearam o incidente e como busca as causas. Vale mencionar aqui os recentes acidentes ocorridos em nossa aviação civil. Apesar de todas as pesquisas, nenhum deles tem suas causas plenamente conhecidas. A propósito, dizem que o governo norte-americano gastou mais dinheiro para rastrear e descobrir as causas do acidente com a nave espacial Apolo, há muitos anos, do que com o seu próprio desenvolvimento.

M. É mesmo?
E. É necessário criar um processo para detectar as causas da falha ou do incidente, com perguntas e respostas:

- Por que houve a falha?

    Porque o metal era de má qualidade.

- Por que o metal era de má qualidade?

    Porque a máquina que o produziu estava sem manutenção.

- Por que estava sem manutenção?

    Porque o mecânico não recebeu a informação adequada.

- Por que não recebeu a informação adequada?

    Porque fez um curso com programa defasado...

...e assim sucessivamente. É desta maneira que se atinge a qualidade: corrigindo as causas dos problemas e aprimorando processos.

M. Compreendo perfeitamente.

E. Um dos tópicos mais recorrentes destas normas é evitar que o erro se repita. Controle de inspeção, de ensaios, todas as métricas e dispositivos utilizados, têm que estar bem calibrados. Isto é um problema sério. Se amanhã houver um indicador que não esteja correto, a empresa pode achar que está tudo bem, mas na realidade não está.

Na Microsiga, com relação a treinamento, os auditores da ISO 9000 faziam uma grande vistoria no nosso Departamento de Pessoal. Pediam as fichas dos funcionários, conferiam onde estavam alocados e quais os cursos que fizeram. Se não houvesse coerência entre a atividade que desempenhavam e os cursos de que participaram (pediam até para ver o certificado de conclusão!), isto contaria pontos negativos para a recertificação.

Assunto que considero verdadeiramente importante com relação à qualidade é a pesquisa de satisfação. Isto responde, em parte, àquela minha pergunta ao auditor sobre os testes do produto. Normalmente, o auditor da ISO 9000 responde: "Não preciso testar o seu produto. Eu tenho a pesquisa de satisfação." Ao fazer esta pesquisa junto aos clientes estamos, de forma indireta, testando o produto. Devemos ser muito rigorosos na quantidade de clientes pesquisados, nas perguntas selecionadas, nos entrevistadores. Não há como ludibriar.

Numa das Fenasoft, onde se reunia a nata do setor, ficamos em segundo lugar no Max Award, prêmio que indicava o melhor software da feira. Inconformado, até mesmo revoltado, fui conversar com um dos juízes:

— Não é possível, senhor, o nosso é muito melhor do que o deles, referindo-me ao vencedor.

Com certa arrogância, olhou fundo nos meus olhos e sentenciou:

— Isso, meu caro, na sua opinião!

É por isso que as pesquisas com os clientes são tão importantes.

Existe também o lado psicológico: nas normas internas são colocados procedimentos que as pessoas sabem que deveriam seguir, mas que não seguem. Uma historinha: na Microsiga dizíamos que a ISO 9000 era tão rigorosa, que obrigava determinadas pessoas a trabalharem de gravata, definindo até em que altura do peito deveria estar o prendedor. Uma vez, um funcionário veio protestar: "Está muito calor. Eu acho esse negócio de gravata a maior besteira do mundo!" Sabe o que respondi? "Não sou eu, meu amigo, é a ISO!" Muitas coisas você debita como exigência da ISO, ponto final. É como sentença de juiz, cumpre-se, não se discute! (*risos*).

Brincadeiras à parte, posso dizer que, depois que implantamos a ISO 9000 — primeiramente a ISO 9001, versão 1994, no desenvolvimento, e depois a 9002, focada em serviços (exclusive projetos) —, a qualidade realmente melhorou. Agora, aquela minha frase de que software dá "pau" mesmo, pode ser esquecida. Agora, o erro é sempre do usuário (*risos*).

CMMI

E. Fizemos um grande investimento na ISO, a qualidade estava — e continua — melhorando muito quando, no início dos anos 2000, surgiu algo novo, genericamente chamado CMM ou CMMI (*Capability Maturity Model Integration*) para o setor de tecnologia da informação e software. Difere um pouco da ISO 9000 porque o objetivo é sempre melhorar o nível de serviço, galgando posições.

O CMMI possui cinco níveis. O Brasil perdeu muito terreno, principalmente para a Índia, por não ter dado a devida atenção ao assunto. Na Índia, quando apareceu o CMMI, as empresas, com o apoio do governo e pressão dos clientes, rapidamente começaram a se certificar. Em pouco tempo, o país tinha dezenas de empresas de software certificadas e o Brasil nenhuma. Com isso, invadiram o mercado de *outsourcing* mundial. Mesmo hoje, o número de empresas no Brasil que têm CMMI Níveis 2, 3 ou 4 é muito pequeno. No Nível 5, há pouquíssimas.

M. O CMMI credencia indústrias, prestadores de serviços em geral, ou apenas empresas de tecnologia, como a Microsiga?
E. O CMMI foi criado nos Estados Unidos para atender as empresas que desenvolvem algum tipo de projeto específico, com começo, meio e fim. Na área de tecnologia, o CMMI está menos arraigado em empresas que fazem um produto padronizado do que em empresas que desenvolvem sob encomenda, como as que fazem *outsourcing* e as fábricas de software. Essas são as mais visadas pelo CMMI.

M. Então, as empresas brasileiras e as multinacionais que desenvolvem produtos padronizados não precisariam estar qualificadas?

E. Depende do cliente. O cliente, quando adquire um produto por meio de licitação, seja governo ou empresa privada, seja desenvolvimento de software ou outro projeto, dará preferência para as empresas qualificadas em um bom nível do CMMI. Na realidade, os grandes clientes já colocam no edital a exigência de CMMI Nível 3 ou Nível 4. Se você não tiver, nem participa da concorrência.

M. Quais são os critérios do CMMI?

E. Resumidamente, os critérios estão descritos nos cinco níveis:

- **Nível 1:** inicial, sem avaliação. São criados processos para fins específicos em empresas pouco organizadas;
- **Nível 2:** passível de repetição. Processos são projetados para possibilitar a repetição da qualidade do serviço;
- **Nível 3:** processo definido. Além de ser possível repetir os processos, eles estão integralmente documentados, padronizados e integrados. Os processos passam a ser independentes das pessoas. Se um funcionário sair da empresa, quem assumir a função no dia seguinte lerá a norma e procederá da mesma maneira;
- **Nível 4:** gerenciar. A empresa mensura os resultados e conscientemente os utiliza para melhorar a qualidade dos serviços. Aqui entra o conceito de melhoria contínua, também muito citado na ISO: a qualidade nunca está no seu nível máximo, é sempre possível melhorar. No Nível 4, já existem algumas métricas que permitem o gerenciamento e a melhoria;
- **Nível 5:** otimizar. A empresa otimiza conscientemente seus processos e melhora a qualidade, com novas tecnologias, novos serviços, dentro do processo de melhoria contínua, de forma natural e sem estresse.

Com relação ao Nível 2, procure você, na sua vida particular, fazer processos repetitivos. Faça um teste, como eu fiz. Pela manhã, ao acordar, comecei a medir quanto tempo gastava desde sair da cama até ligar o carro na garagem: tomar banho, café, me vestir etc. Fui aprimorando este processo até o momento em que consegui manter sempre o mesmo tempo, evitando qualquer incidente, com a mesma qualidade. Você percebeu aonde a norma quer chegar? Se você leva dois minutos para escolher o terno, não tem porque demorar quatro ou cinco minutos em determinado dia. É preciso sempre repetir o processo. Igualzinho! E levo exatamente 1h12'32"!

M. Tudo incluído?
E. Tudo, tudo incluído!

M. Como uma empresa obtém a avaliação CMMI?
E. O processo de avaliação, em cada nível, demora entre oito e doze meses e envolve consultores dentro da empresa. É um trabalho, permita-me usar a palavra, de evangelização dos envolvidos no desenvolvimento de software, como programadores e técnicos, no sentido de seguirem o modelo. Cria-se uma campanha de motivação, com camisetas, cartazes, palestras, tal como foi muito usado na ISO. O objetivo é habituar as pessoas à cultura do CMMI.

M. Como é feita a avaliação? Os auditores são os mesmos da ISO?
E. São outros. Os auditores são credenciados pelo SEI, *Software Engineering Institute*, Instituto de Engenharia de Software, oriundo da Carnegie Mellon University. Há pouquíssimos credenciados no Brasil, o que pode requerer a vinda de auditores do exterior para a avaliação.

MPS

E. O MPS (Melhoria de Processo do Software) é um modelo brasileiro coordenado pelo Softex, órgão vinculado ao Ministério da Ciência e Tecnologia, que define as normas e faz todo o processo de certificação, sem qualquer interferência estrangeira.

Há tempos que o Softex, apoiado pela Assespro e outras associações de classe, vinha trabalhando para criar uma norma brasileira. É difícil obter o reconhecimento, principalmente internacional, mas o Softex está conseguindo. O MPS foi baseado na CMMI e mantém semelhança, também, com a ISO 9000. Ele se ocupa, entre outros objetivos, do fornecimento de software junto ao cliente que vai comprá-lo, ajudando na avaliação e seleção do desenvolvedor, monitora a qualidade da aquisição, obediência ao contrato e processo de aceitação. O MPS certifica empresas de qualquer porte, permitindo que até as pequenas participem de licitações.

Houve uma licitação em que o Serpro (Serviço Federal de Processamento de Dados) exigiu que o fornecedor tivesse a certificação ISO 9001 ou a avaliação CMMI Níveis 2 ou 3. A gritaria foi grande, porque o número de empresas, principalmente de pequeno porte, que tinham estas certificações no Brasil era ínfimo. A resposta do Serpro foi: "Nós, obrigatoriamente, temos que contratar fornecedores que tenham uma certificação. Caso contrário, perderemos a nossa." Assim, forma-se uma cadeia: você só mantém a sua certificação se todos os seus fornecedores também a tiverem. Subentende-se que, se os seus fornecedores não tiverem, o seu processo não está perfeito. Foi nesta ocasião que o MPS ganhou força.

Por meio da Assespro, esperamos que o MPS seja reconhecido no exterior. Quando uma empresa brasileira, como está acontecendo muito agora, exporta para os Estados Unidos, a primeira pergunta que o comprador faz é: "Quais são as certificações ou avaliações que a companhia tem?" Lutamos pelo dia em que a empresa brasileira possa, orgulhosamente, declarar: "Eu tenho o MPS, Nível tal" (são oito níveis) — e que o americano responda: "Então está tudo certo."

Muitas empresas brasileiras estão na fase de credenciamento junto ao MPS. Torcemos para que tenham êxito. Isto é importante para o Brasil, principalmente porque os custos de certificação e avaliação são menores.

ITIL

E. O ITIL, uma criação britânica, está atualmente muito em voga no Brasil. Os europeus sempre procuram encontrar uma alternativa a tudo que é introduzido pelos Estados Unidos.

M. O que quer dizer ITIL?

E. *Information Technology Infrastructure Library*, Biblioteca da Infraestrutura da TI. De modo geral, o ITIL é mais um conjunto de práticas que começou a ser exigido. Reúne livros escritos pelos consultores da *Central Computing and Telecommunication Agency*, um órgão do governo britânico. Apresenta as melhores práticas de gestão corporativa para a área de tecnologia da informação. Os dois livros mais importantes são: *Service Support* e *Service Delivery*. A principal diferença com relação a outras normas e metodologias é que o ITIL é mais focado no desenvolvimento e na entrega dos serviços e suporte, certificando pessoas, não empresas. Existem três níveis de certificação: Fundamento, Praticante e Gerente.

Se, amanhã, você for o comprador de uma empresa e tiver que decidir entre dois fornecedores — um possui cinco pessoas certificadas pela ITIL, o outro nenhuma; o preço é o mesmo —, qual deles você vai escolher?

M. É claro que o primeiro.

E. Certificação para pessoas é como aquele anúncio de motel que você vê na Marginal do Tietê, aqui em São Paulo: Nós lhe damos o quarto, o resto é com você (*risos*). A pessoa é capacitada, passa por um exame, mas o emprego, a promoção e o desempenho dependem dela.

PMI

E. Vamos agora tratar do PMI (*Project Management Institute*, Instituto de Gestão de Projetos), outra organização americana. Para alguns, a citação do PMI neste capítulo pode parecer estranha, porque ele trata mais de planejamento e controle do que de qualidade. As melhores práticas do PMI também estão baseadas em um livro, o *PMBoK* (*Project Management Body of Knowledge*). O Capítulo 7 do livro *Gestão Empresarial com ERP* aborda o assunto em detalhes. O PMI está mais focado na implementação e gerenciamento de projetos, identificando os pontos críticos. Emite certificações para pessoas, não para empresas.

O primeiro ponto crítico é **escopo do projeto**. O projeto tem que ser focado e exige análise de requisitos: definir e documentar claramente o que se pretende fazer, incluindo as expectativas do cliente e como atendê-las. Uma vez que isto esteja definido, o projeto deve ser seguido à risca.

O segundo ponto crítico é **gerenciamento do tempo**. É preciso prever a duração das atividades, incluindo a programação. É o danado do prazo, que deve ser cumprido. Quantas vezes o programador não fica horas e mais horas sem avançar, procurando uma causa pelo não funcionamento de uma rotina. Isso tem até um lado positivo, pois é nestes momentos que ele mais aprende.

M. Exatamente, é isso mesmo.

E. O ponto crítico seguinte é **gerenciamento dos custos**. Quando você fez a reforma de sua casa, o custo real correspondeu ao custo orçado?

M. Orçamento e custo apropriado nunca batem. O ruim é que o custo real é sempre maior do que o custo orçado.

E. É por isso que o gerenciamento dos custos é um exercício tão importante. Hoje em dia, praticamente todos os projetos são fechados, têm o preço préestabelecido. No passado, eram cobrados por hora. Assim, se houvesse algum problema, como o aumento do número de horas previstas, o cliente tinha que pagar e quase sempre saía briga.

M. Por isso é que mudou. A consultoria também funciona assim, quase sempre o preço é fixo.
E. Outros pontos críticos são:

- **Gerenciamento da Qualidade:** o PMI considera todos os procedimentos definidos na ISO 9000;
- **Gerenciamento dos Recursos Humanos:** recrutamento, treinamento, certificação de pessoas;
- **Gerenciamento das Comunicações:** compreende até mesmo o uso de linguagem adequada e coerente, proporcionando entendimento fácil entre os envolvidos;
- **Gerenciamento dos Riscos:** cada vez mais importante, tanto que há uma norma ISO que trata exclusivamente deste assunto;
- **Gerenciamento das Aquisições:** compra de mercadorias, equipamentos, componentes relacionados com o projeto; de nada adiantará um projeto muito bem planejado se o que está sendo adquirido para produzi-lo não tiver qualidade.

SOX

M. Com relação ao gerenciamento de riscos, ele é o cerne da Lei Sarbanes-Oxley. Algumas empresas têm até mesmo o cargo de Gerente de Risco.
E. Hoje, já podemos incluir a Sarbanes-Oxley (abreviadamente conhecida como SOX ou Sarbox) neste capítulo sobre normas, padrões, metodologias e melhores práticas. Tecnicamente, a Lei Sarbanes-Oxley apresenta um rol de responsabilidades e de sanções, classificando crimes de colarinho branco, fraudes cometidas por administradores e auditores. Tenta-se coibir as práticas contábeis que possam expor a empresa a um risco sem aprovisionamento prévio, coibir empréstimos fictícios para membros do conselho de administração ou da diretoria e outras anomalias.

A SOX, criada em decorrência dos escândalos da Enron, Tyco, Worldcom, trouxe alguns conceitos básicos muito importantes, que norteiam as novas exigências do mercado, a começar pela governança corporativa: maior transparência, forte disciplina, aprimoramento dos processos e controles internos, gestão de riscos e apresentação de resultados, como indica a metodologia do COSO (*Committee of Sponsoring Organiza-*

tions of the Treadway Comission), a mais adotada pelas empresas como padrão para controles internos.

Uma das maiores novidades introduzidas pela SOX é a exigência de criação de um comitê de auditoria nas empresas, com severas punições, inclusive criminais (nos Estados Unidos existe legislação muito rigorosa a respeito) para os principais executivos: CEO (presidente), CFO (financeiro), CIO (TI), conselhos, diretores e até gerentes. Estes executivos devem prestar contas a auditores internos e externos.

Nos Estados Unidos, estão enquadradas na SOX as companhias americanas e não-americanas listadas nas Bolsas de Valores Nyse e Nasdaq com capital acima de determinado valor. Estas empresas estão sujeitas à fiscalização da SEC (*US Securities and Exchange Commission*), equivalente à nossa CVM (Comissão de Valores Mobiliários), órgão máximo que deverá atestar a veracidade das declarações financeiras.

No Brasil, estão sujeitas à SOX as companhias de capital nacional listadas nas Bolsas Nyse e Nasdaq (cerca de 40 empresas) e as subsidiárias de multinacionais de qualquer origem listadas nestas entidades, a critério de suas matrizes.

M. Você sabe que o Brasil é o terceiro país do mundo em número de companhias listadas na Nyse, atrás apenas do Estados Unidos e do Reino Unido?

E. Isto é um bom sinal! A Lei Sarbanes-Oxley tornou-se a referência mundial para a governança corporativa. Também está sendo implantada como padrão de qualidade em companhias brasileiras que não estão listadas nas bolsas americanas, como as que fazem parte do Novo Mercado e dos Níveis 1 e 2 de Governança Corporativa da Bovespa.

Essas empresas também vêm sendo observadas bem de perto por administradores de fundos de investimentos, nacionais e estrangeiros, associações de classe, sindicatos, ambientalistas. Agora, o resultado financeiro não é uma meta a ser atingida a qualquer custo. Não dá mais para fazer "mágica", ou *cook the books* (cozinhar os livros), como se diz nos Estados Unidos.

M. E o programador, há alguma punição para ele? Ele pode ser um dos elos de um processo ilícito.

E. No Brasil, por incrível que pareça, nossa profissão não é regulamentada. Existem atualmente no Congresso mais de 10 projetos para a criação do Conselho Nacional de Informática (CONAINFO), que seria semelhante ao CREA dos engenheiros e arquitetos, à OAB dos advogados ou ao CFM dos médicos. Uma das funções destes Conselhos é descredenciar e punir o mal profissional.

O assunto não tem evoluído porque os sindicatos dos trabalhadores em processamento de dados querem que somente pessoas formadas em faculdades que atendam a requisitos estabelecidos pelo MEC possam exercer a profissão, a exemplo das demais profissões liberais. As empresas acham isso inviável, pois programar é atividade multidisciplinar, alegando que o programador nem precisa ter curso superior. A polêmica é tanta, que o primeiro projeto data de 1979.

SPICE, SLA, SIX-SIGMA

M. Quais são as outras normas, padrões, metodologias e melhores práticas que você considera mais importantes para completarmos este capítulo?
E. Podemos citar o SPICE, SLA e Six-Sigma.

O SPICE (*Software Process Improvement and Capability Determination*, Aprimoramento e Determinação da Capacidade dos Processos de Software) também é uma norma americana, muito parecida com a ISO 15504. A palavra *Determination* corresponde ao E da sigla — parece erro, mas é assim mesmo.

SLA significa *Service Level Agreement* (Acordo de Nível de Serviço). É uma metodologia celebrada entre o fornecedor de serviço e o cliente, interno ou externo. O SLA classifica a gravidade dos problemas em vários níveis. Partindo dessa gravidade e das conseqüências, define-se o prazo máximo para correção do incidente. Caso não seja corrigido, o SLA também estabelece qual procedimento deve ser seguido. Na Microsiga, adotamos os seguintes níveis:

- **Nível 1 é (Gravidade) Crítica:** em empresas de grande porte, como um *callcenter*, quando ocorre um problema com o software de atendimento, ela pára. Neste caso, o SLA determina que o defeito deve ser corrigido em, no máximo, duas horas. Se não for corrigido, a empresa precisa ter um plano de contingência que resolva o problema;

- **Nível 2 é Alta:** o problema é sério, mas existe uma alternativa para solução, como um processo manual para faturamento, no caso de falha no sistema informatizado;

- **Nível 3 é Média e Nível 4 Baixa:** ambos funcionam de maneira análoga aos outros níveis, com maior tolerância de horas para correção.

No passado, existiam o MTTR (*Medium Time To Repair*, Tempo Médio para Reparar) e o MTBF (*Medium Time Between Failures*, Tempo Médio Entre Falhas). Podemos dizer que o SLA é uma modernização desses conceitos.

O *Six-Sigma* (6-Sigma ou Seis-Sigma) tem como base o DMAIC (Definir, Medir, Analisar, Implementar e Controlar) e procura reduzir a quantidade de problemas e erros incidentes, até que o processo otimizado seja atingido.

M. O *Six-Sigma* estabelece que o número máximo é 3,4 erros em 1 milhão de oportunidades. É dificílimo chegar lá, mas um setor que consegue, com folga e no mundo todo, é o aéreo. Dependendo do continente, ocorrem 0,8, 1,0 ou 1,3 acidente com vítimas fatais em 1 milhão de pousos e de decolagens. O número de acidentes é bem inferior aos 3,4. Graças a Deus!

Resumindo: não é fácil chegar à máxima qualidade em software.

E. O que acontece quando há um erro de software? Hoje, os softwares são utilizados em todas as atividades humanas, o que não acontecia no passado, quando eram mais utilizados em aplicações comerciais, onde um erro não tinha tanta repercussão e conseqüência.

O foguete Mariner 1, por exemplo, teve que ser destruído a caminho de Vênus devido a um erro de software. O foguete francês Ariane 5, menos de um minuto após o seu lançamento, também teve que ser destruído por conta de erros de software. Cinco pessoas morreram em um instituto de câncer no Panamá devido à exposição excessiva aos raios-X, em processo controlado por software. Para se ter uma idéia das conseqüências financeiras, o departamento comercial nacional de ciência e tecnologia dos Estados Unidos afirma gastar US$ 59 bilhões por ano em decorrência de erros de software.

Cada vez mais o software substitui o ser humano, nos aeroportos, hospitais, automóveis. É por isto que a qualidade precisa ser cada vez mais robusta, com um nível de não conformidades muito pequeno.

M. Você acaba de dizer algo que eu nunca tinha ouvido: o culpado foi o software. Sempre ouvimos falar de erro humano ou de falha do equipamento. Você está dizendo que, nos incidentes relatados, o erro humano foi conseqüência de um erro de software?

E. O que eu quero dizer é o seguinte: a culpa de um acidente pode estar relacionada a um erro de software, que foi desenvolvido por uma pessoa.

O profissional que desenvolveu o sistema não previu a situação que provocou o acidente. Quase sempre um erro humano poderia ter sido evitado. Quando afirmamos que o erro foi do software, quer dizer que aquela situação não foi prevista.

Vejamos um exemplo bem simples. Uma pessoa vai ao caixa eletrônico e, sem querer, digita o valor de R$ 100 mil como transferência para outra conta. O sistema aceita e o correntista vai embora. O dinheiro é transferido, desde que haja fundos. Você concordaria se eu dissesse que o erro foi do software? Certamente não, e argumentaria: a falha foi de quem digitou o valor errado. Pois, falando como analista de sistema, eu lhe responderia: o erro foi do software porque não apresentou uma mensagem dizendo: o valor está muito alto, você não costuma fazer isto. O software deve alertar para situações como esta. Muitas pessoas se irritam com perguntas, aparentemente óbvias, feitas pelo sistema: você tem certeza de que quer apagar esses arquivos? Mas quando elas as salvam de uma catástrofe, ficam aliviadas.

M. Mas, existe um ponto em que há excesso de mensagens, que você acaba não lendo.
E. É verdade. O software, porém, precisa prever todas as circunstâncias e evitar que o erro aconteça. Hoje, se você não se lembra de colocar o cinto de segurança e se fere ao sofrer um acidente, o erro é do software. Nos carros antigos há um alerta, com um bip intermitente ou uma luz acesa no painel, para avisar sobre o cinto. Nos carros mais modernos, o motor pode não dar a partida enquanto o motorista não colocar o cinto. É a sua segurança que está em jogo.

M. Pelo que você está dizendo, a programação seria uma ciência exata; eu acho que não é.
E. O software, produto da programação, é um conjunto de instruções que precisa ser muito bem feito. Quando ocorre um erro de digitação, eu sempre sou o primeiro a dizer, como desenvolvedor: eu perdôo o erro da digitadora. O erro foi do software. Na minha avaliação, o analista que desenvolve o sistema precisa se preocupar com o processo de digitação de tal forma, que impeça o usuário de digitar incorretamente. Veja o Word. Corrige até erros gramaticais.

M. Mas, o programador não pode prever tudo.
E. O combo-box, por exemplo, é uma forma de evitar que a pessoa digite uma bobagem qualquer. Ele só lhe dá as alternativas válidas. Cada vez mais, esta e outras formas de entrada de dados evitam que

entre lixo. E você sabe: se entra lixo, sai lixo (*garbage in, garbage out*). Esta é uma das frases mais antigas usadas no nosso segmento.

M. Está bom.

E. É difícil, mas é preciso que se aprimore sempre esse processo. Tanto as certificações como as normas mencionadas fazem com que a qualidade melhore. O difícil é as pessoas se decidirem a adotar e a gastar energia neste aprimoramento. No momento em que isto for não apenas uma obrigação, mas também um hábito, quando houver fiscalização, punição e premiação, todos participarão e irão melhorar.

M. Ainda com relação à afirmativa de que o software é sempre o culpado, você está dizendo ou insinuando que a atividade de um programador seria uma ciência exata, sem erros?

E. A programação ou o sistema, como estabelece o próprio Nível 5 do CMMI, têm que passar por um processo de melhoria contínua. Então, quando se fala hoje de gestão de qualidade, o que na verdade queremos dizer é que todos os incidentes que vão acontecendo — e acontecem mesmo — precisam ser evitados. Devemos melhorar cada vez mais para evitá-los. Nunca vamos evitar totalmente.

M. Aaaaah! Agora sim! (*risos*).

E. Essa frase de que o software é sempre o culpado... às vezes em uma reunião, quando o cliente começa a reclamar e depois se conclui que houve um erro de digitação, no meu íntimo eu digo: o culpado foi o software, que não previu ou evitou que a pessoa fizesse esse erro de digitação!

M. Ernesto, você acaba de nos dar uma notável lição de vida e de amor à profissão:

- O software é sempre o culpado.
- O software é criado por seres humanos: por programadores, como você.
- Programadores devem buscar a perfeição.
- A perfeição humana não existe, só existe a perfeição divina.
- A perfeição divina é inatingível pelos humanos.
- O que todos nós devemos fazer — na vida pessoal e na vida profissional — é buscar sempre a perfeição, para chegarmos o mais próximo possível dela — ou Dele, se preferir.

Capítulo 8

O Estado-da-Arte da TI na Empresa — Um *Case* Real

8ª Entrevista

M. O tema de hoje é o estado-da-arte. Ernesto, o que é estado-da-arte na gestão empresarial com ERP?
E. Vamos voltar ao início do livro, à primeira entrevista, onde afirmamos que apenas 27,6% das funcionalidades de um ERP são de fato utilizadas. Em outra entrevista, dissemos que o culpado é o analista de suporte, o elo entre o usuário, que usa, e o programador, que faz — ou promete fazer. É a Tecnologia Prometida contra a Tecnologia Disponível. Na prática, temos a Tecnologia Utilizada.

Se o programador fez e o usuário não usa, alguma coisa está errada. O estado-da-arte é o sonho de fazer com que tudo que vimos apresentando nestas entrevistas, tudo que está disponível, seja implantado. É preciso agir, para reduzir a defasagem entre o que poderia estar implantado e o que efetivamente está. É a Tecnologia de Resultado.

M. O estado-da-arte é o sonho, não é o estado atual?
E. Gostaria que fosse o estado atual, mas é difícil você ver tudo isso funcionando. Esta é a meta de todos nós. O estado-da-arte está em permanente mudança.

M. Claro.
E. Hoje, o estado-da-arte utiliza o que existe de melhor. Daqui a 1 minuto, se existir alguma coisa melhor, o estado-da-arte será a utilização daquilo

que acabou de aparecer. Quando viajamos ou quando lemos jornais, revistas, vemos sempre coisas novas, que nos impressionam, que são o novo estado-da-arte. Amanhã já não são mais.

M. Então, vamos ao *case* real que você vai descrever.
E. Escolhi, propositadamente, um *case* simples, mas bem representativo dos recursos que estão disponíveis para todos nós. Você verá que a grande maioria dos recursos apresentados nos capítulos anteriores serão citados, descritos e utilizados. Eu poderia ter escolhido um *case* bem mais complexo, de uma empresa de grande porte, por exemplo, mas acho que fugiria do propósito e ficaria muito pesado para um bate-papo. Seria longo demais. Afinal, eu iria descrever as mesmas funcionalidades do ERP, só que em escala maior. Guardadas as devidas proporções, praticamente tudo que aparece no *case* pode ser duplicado para empresas de qualquer porte.

A idéia de falar sobre este *case*, que já saiu publicado na revista *Empresa Familiar*, nasceu quando me pediram para escrever um texto sobre informatização em empresas. O *case* é real e mostra aonde podemos chegar.

M. Está tudo funcionando?
E. Quase. Esta é uma resposta típica no nosso setor: quase. Toda implantação tem a data em que começa e a data em que está "quase" pronto (*risos*).

Trata-se do *case* de um salão de beleza, inicialmente informatizado com o ERPzinho e com investimento mínimo. Por isso é tão interessante. Quem comandou a implantação foi um aluno que acabara de concluir o nosso curso MSA (Microsiga *System Administrator*).

A proprietária do salão não queria gastar rios de dinheiro, porque tinha outras prioridades de investimento. Por isso, decidiu implantar o ERPzinho, um software livre, que é uma amostra grátis do Protheus, o nosso ERP, ambos já comentados nos Capítulos 4 e 5, respectivamente.

Processos administrativos
E. A aplicação do ERP começou com o básico: controle de despesas e receitas, classificadas por natureza. Apenas com isto, logo no início, já era possível visualizar o resultado econômico da empresa em tempo real e com bastante precisão. Se você for lá hoje e perguntar qual é o

lucro neste mês até agora, ela lhe fornecerá, no ato, o total das receitas, as despesas discriminadas por natureza e o lucro.

A seguir foi implementado o controle financeiro, complexo em um salão de beleza, porque há pagamentos com cartão de crédito, cartão de débito, cheques predatados, vales para quitação no final do mês, promessas de pagamentos etc. Isto dificulta o controle do fluxo de caixa e do contas a pagar. Com o controle se conhece a disponibilidade e é possível aplicar bem o dinheiro que sobra.

Implementou-se também o controle de estoque, importante num salão de beleza pelo valor elevado dos produtos. Quando um material é requisitado, o sistema atualiza o estoque e determina uma nova compra quando o ponto do pedido é atingido.

Todos os clientes foram cadastrados, com seu perfil detalhado: idade, sexo, classe social, formação etc. Isto facilita bastante o marketing.

Resumindo, em poucos meses todo o processo administrativo do salão estava funcionando perfeitamente.

Coletores eletrônicos

E. A dona do salão, porém, queria mais. Considerava tudo aquilo trivial e decidiu implantar coletores de dados para as comandas. Cada vez que um profissional cumpre suas tarefas com a clientela, basta digitar o código do serviço e passar no coletor eletrônico os cartões da cliente e do profissional — ambos munidos com chips RFID — para que, na saída, o sistema emita a nota fiscal e calcule o valor a ser pago.

e-commerce

E. A seguir foi decidido usar melhor os recursos da Internet, começando pelo aprimoramento do *site*, que antes era uma simples coleção de fotos e textos. Implantou-se o comércio eletrônico, pois no salão são vendidos *shampoos*, perfumes e cremes para tratamento de pele. Agora, os clientes podem entrar no *site* sem sair de casa, escolher o produto, fazer o pedido e recebê-lo pelo correio. O pagamento é feito com cartão de crédito, débito em conta ou boleto bancário.

Reservas

E. Outro recurso do *site* do ERPzinho é o sistema de reservas. Quantas vezes você já não pensou em fazer eletronicamente a reserva para cortar o cabelo com o seu profissional preferido, em dia e hora de sua livre escolha? Hoje, você tem que telefonar no horário do expediente para marcar hora. No *site* do salão existe uma agenda, onde você pode entrar a qualquer hora e escolher o profissional, o tipo de serviço desejado, dia e hora. A grade de cada profissional aparece no seu computador, indicando os horários livres e ocupados, por dia. Você digita o seu nome na janela de horário livre de sua escolha e o pedido de reserva está feito. A confirmação virá em seguida, após verificação da autenticidade da reserva.

M. Tudo via Internet?

E. Tudo via Internet. O sistema irá verificar se o cliente é conhecido e se a senha de proteção está correta. É bom lembrar que existem clientes que gostam de discrição, preferindo o contato impessoal da máquina. O procedimento descrito pode ser adotado, evidentemente, em inúmeras áreas, como restaurantes, hotéis, bufês, consultórios médicos. É curioso como isto é tão pouco usado.

M. Talvez porque no Brasil não esteja tão difundido o hábito de respeitar as reservas. As pessoas não aparecem. É o famoso *no show*. O restaurante perde receita, pois clientes sem reserva geralmente desistem de esperar e vão embora. Concordo inteiramente com você, deveríamos ter um número bem maior de empresas aceitando reservas desta maneira.

Blog

E. Outra implantação no *site* do salão, dentro do conceito da interação, foi um *blog*. No início havia os fóruns, que evoluíram e praticamente desapareceram ou se transformaram em *blogs*. As pessoas podem entrar no *site* e manifestar-se livremente, com elogios ou críticas. O *blog* é um elemento de comunicação entre a empresa e seus clientes. Vale a pena lembrar aqui que a revista norte-americana *Time* escolheu *Você* como a Personalidade do Ano de 2006. Qualquer cliente pode manifestar-se livremente no *blog*. É a *Web* 2 e seu perfil colaborativo.

Workflow

E. Quando a proprietária do salão conheceu o *workflow*, decidiu também utilizar este recurso e passou a enviar mensagens de parabéns às aniversariantes do mês. Dois dias antes da data, que está disponível no cadastro de clientes, o sistema automaticamente dispara um *e-mail* com os cumprimentos do salão e uma oferta de corte de cabelo gratuito.

Da mesma forma, automaticamente, o sistema lembra às clientes a data de retorno. Como a data de cada visita ao salão é registrada, se você comparece hoje e tem o histórico de cortar o cabelo a cada dois meses, daqui a sete semanas receberá um *e-mail* lembrando que é hora de retornar. Aqui está sendo usado o CRM (*Customer Relationship Management*), descrito no Capítulo 2.

Analogamente, a proprietária recebe dois *workflows* sobre fatos relevantes. O primeiro, assinala despesas do salão fora dos padrões do dia-a-dia; por exemplo, uma despesa acima de R$ 500,00. Essa mensagem pode ser direcionada para o seu telefone celular, permitindo uma ação em tempo real, aprovando ou não a operação. O segundo *workflow* traz notícias boas e importantes: fechamentos de Dia da Noiva, por exemplo. Assim ela comemora, junto com a vendedora, o seu bom desempenho.

Business Intelligence (BI)

E. Outra sigla que atraiu a curiosidade da dona do salão foi o BI — *Business Intelligence*. Ela uma vez perguntou: "Será que há outra inteligência, além da minha, que possa me ajudar na gestão dos meus negócios?" Como resposta, recebe o movimento de vendas e de despesas sob a forma de gráficos e tabelas, com *drill down* e linhas de tendências. Estas informações, sintetizadas e detalhadas, mostram a evolução do negócio, os padrões de comportamento de clientes, quais as mais assíduas, por idade, sexo, classe social. Pelo manuseio e análise dessas informações novas idéias surgem para a gestão do negócio.

Com a ajuda do *data mining*, outro integrante do suporte à decisão, o sistema disponibiliza uma rotina que aponta todas as exceções. Se as clientes de determinada região começam a não mais aparecer no salão, o sistema avisa. Isto já ocorreu uma vez, o assunto foi investigado e descobriu-se que havia sido inaugurado outro salão nas proximidades. Como o sistema detectou o fato e automaticamente deu o aviso, providências imediatas puderam ser tomadas, como o fortalecimento do marketing na região afetada. Sem este recurso da informática, esta exceção não teria sido percebida nem as providências tomadas. É o *data mining* cumprindo o seu objetivo.

Web services

E. A próxima implantação foi o *web service*, que é a comunicação e prestação de serviços entre sistemas. Esta implantação foi interessantíssima. Eu mesmo participei um pouco. Tivemos que conversar com outros salões. Embora concorrentes, existe um bom relacionamento entre eles.

Em salões de beleza, a multiplicidade de produtos é grande. Na área química, por exemplo, há várias cores de tintas em estoque. Mas, mesmo assim, não é incomum uma cliente entrar e pedir: "Eu quero a cor número tal..." e essa cor não existir no estoque.

Entretanto, pode ser que um salão próximo tenha aquela cor. Foi por isto que vários salões da vizinhança decidiram se unir e fazer um acordo para empréstimo mútuo de produtos. Quando uma cliente pede determinada tinta e o sistema busca no estoque e não encontra, dispara um *web service* para todos os salões parceiros. Esse *web service* é recebido e o sistema de cada um consulta os respectivos estoques na busca do produto. Se a cor solicitada for encontrada, o sistema envia um *web service* afirmativo para o salão que fez a consulta.

M. Sem interferência humana em todo esse processo?
E. Sem interferência. O salão recebe uma listagem na tela dos salões que dispõem daquela tinta em estoque. Tudo isso em poucos segundos. Antigamente, a dona do salão precisava telefonar para vários salões da vizinhança, fazendo a mesma pergunta: "Você tem a cor tal?" Agora, só telefona para combinar a retirada do produto — ou manda um *e-mail*.

M. Foi fácil conseguir a adesão dos outros salões?
E. Na realidade, essa colaboração já existia antes, mas não era automatizada. Nós fomos aos salões e implantamos o sistema. Alguns não têm o ERPzinho, têm outros sistemas, que adequamos para que a rotina funcionasse. É importante frisar que o *web service* pode operar independentemente da plataforma e do sistema. A comunicação é feita por meio do envio e recepção de mensagens XML.

Continuando com a implantação do *web service*, o salão fez convênios com o SPC e com o Serasa, para verificar a validade de cheques recebidos e a própria credibilidade da cliente. Se houver algum problema, em segundos o salão é avisado.

M. O caixa, ao receber o cheque, terá que digitar algo?
E. Apenas o CPF do emitente.

SCM – *Supply Chain Management*

M. O que foi feito para as compras?
E. *Supply Chain Management*, lógico. O sistema faz as compras de forma automática, integrando salão, fabricantes e distribuidores. O ciclo está todo automatizado: ao ser atingido o ponto de pedido, solicitações de cotações são enviadas a fornecedores cadastrados e, após o recebimento das ofertas, a melhor é selecionada. Uma vez aprovada, é enviado o pedido de compra. A implantação do processo de *supply chain* é uma das mais trabalhosas do ERP. No salão não foi diferente. A implantação do *supply chain* é a etapa mais complexa, devido a problemas de conectividade, como códigos diferentes de produtos entre o salão e os fornecedores, condições de pagamento, tipos de embalagem etc.

Aprendizado e segurança

E. Toda a capacitação técnica do pessoal envolvido foi feita via *e-learning*. Criou-se um programa específico para treinamento à distância. Ele está no *site* e qualquer novo funcionário a ele tem acesso, mesmo de sua casa, via Internet.

Acabamos de colocar agora um sistema de câmeras, muito interessante. É conhecido o caso de um alemão que vive no Brasil, João Pedro Wettlaufer, que estava na Alemanha quando o seu celular tocou, comunicando que o alarme de sua casa, aqui no Brasil, havia detectado algo estranho. Ele acessou o sistema de monitoramento pela Internet e viu imagens de um desconhecido, pelas câmeras instaladas. Lá mesmo, da Alemanha, pelo celular, chamou a polícia, que cercou a casa e o ladrão foi preso em flagrante. A operação não demorou mais do que alguns minutos.

A visualização das câmeras na Internet é um processo muito simples e pouco usado, mesmo que seja apenas para ver como está o movimento. Pode-se dizer, em substituição ao antigo ditado "É o olho do dono que faz o negócio progredir", que "O olho do dono agora está na Internet".

M. Na Tabela de Correspondência, no final deste livro, este Capítulo 8 — Estado-da-Arte da TI na Empresa — corresponde ao Capítulo 4 do livro Gestão Empresarial com ERP e chama-se Um Caso com o Siga. Você vai falar desse Caso?
E. "Um Caso com o Siga" foi escrito há mais de 10 anos. Já foi publicado em revistas e também faz parte do livro *Genoma Empresarial*. Ele tem o

mesmo objetivo do *case* que descrevi hoje. Trata-se da história de uma pessoa que está em dificuldades para controlar a sua empresa e que visita a empresa de uma colega, que lhe mostra todos estes procedimentos funcionando.

"Um Caso com o Siga" está mais voltado para a indústria. O nosso herói visita uma indústria. Como hoje a área de serviços está em grande evidência e expansão, procuramos modernizar o Caso com o Siga, adaptando-o a um salão de beleza. Esse *case* do salão de beleza vem substituir o caso com o Siga. Agora é um caso com o ERPzinho! (*risos*). Mas o objetivo é o mesmo. Este caso é real, está tudo implantado e funcionando.

Novo Projeto: Protheus 10

Para concluir: o salão está crescendo e brevemente sairá do ERPzinho para instalar o Protheus 10, versão *Full*. Muitas outras funcionalidades serão implementadas. O projeto já está pronto. A implantação começa daqui a três meses e tudo deverá estar funcionando em seis meses... ou quase!

Apêndice 1

Bate-Bola no Bate-Papo

9ª Entrevista

M. Ernesto, nós decidimos, de comum acordo, criar um Apêndice com várias perguntas abordando assuntos sobre os quais ouvimos falar, lemos ou já conversamos em *off*. Creio que este "Bate-Bola" no Bate-Papo complementará as idéias que vimos trocando nas 10 entrevistas anteriores e, em alguns casos, responderá a perguntas que os leitores possam estar fazendo.

Pergunta 1: Em recente entrevista à revista *Fortune*, o Sr. Gary Flakes, diretor da Live Labs da Microsoft, afirmou: "As mudanças que a Internet está trazendo para a evolução da sociedade constituem marcas históricas tão profundas quanto a Renascença e a Revolução Industrial." Qual a sua opinião sobre esse assunto?

E. Em todo o livro podemos perceber essas evoluções e o Bill Gates fez uma observação interessante: é no entretenimento que as inovações são lançadas em primeiro lugar. A onda dos próximos anos será, disse ele, sem dúvida, a convergência digital interligando tudo, onde o telefone celular será o centro. Estarão interligados, por exemplo, a TV, por meio do IPTV (*Internet Protocol Television*, Televisão no Protocolo Internet), permitindo que você assista qualquer programa, em qualquer momento, em qualquer lugar. A televisão está mudando, com imagens de altíssima definição, até mesmo no celular, com o HDTV (*High Definition Television*, Televisão de Alta Definição).

- Falaremos com facilidade com outras pessoas pelo VoIP (*Voice over Internet Protocol*, Voz no Protocolo Internet);

- As redes serão de banda muito larga, principalmente *wireless* (sem fio), com tecnologia Wi-Fi (*Wireless Fidelity*, Fidelidade sem Fio) e Wi-Max (*Wordwide Interoperability for Microwave Access*, Interoperabilidade Global com Acesso por Microondas), permitindo que o acesso à Internet seja extremamente rápido;
- Localizaremos qualquer pessoa, veículo ou objeto por meio da RFID e do GPS;
- Nos jogos virtuais, os movimentos das pessoas serão refletidos no vídeo, isto é, os jogos de computador exigirão também algum esforço físico, ao contrário da situação atual;
- O *Second Life* (Segunda Vida, ambiente virtual e tridimensional que simula aspectos da vida real, onde os personagens são chamados de avatar) já é um prenúncio do que esses jogos apresentarão;
- Segundo a IBM, haverá softwares para a tradução simultânea da voz de um idioma para outro.

Pergunta 2: Muita gente diz que esta *Web 2*, que já estamos vivendo, põe o poder nas mãos do consumidor. Quais as diferenças entre *Web 1* e *Web 2*?

E. A grande diferença é que a *Web 2* é colaborativa, cada internauta participando ativamente na *web*. Gostaria de mencionar aqui o resultado de uma pesquisa que fizemos, perguntando quais os *sites* mais visitados:

- Google e Yahoo!: dois *sites* de busca que evoluíram e hoje oferecem inúmeros outros serviços, desde mapas do mundo inteiro gerados com imagens de satélite, mostrando todo tipo de pontos de interesse, até programas do Office;
- Wikipedia: espécie de dicionário, onde cada pessoa pode incluir seus próprios textos e complementar textos de terceiros; convido o leitor e a leitora a colocarem no Wikipedia tudo que tiverem criado porque, dentro do conceito de *knowledge management*, o Wikipedia será, por assim dizer, o berço do conhecimento. Tudo estará disponível, sobre qualquer assunto, para o mundo inteiro, em dezenas de idiomas; eu mesmo incluí um texto sobre o ETA — Esporte, Trabalho e Amor;
- MySpace e Orkut: *sites* de relacionamento, onde você coloca seus dados pessoais e poderá se comunicar com milhões

de pessoas do mundo, criando comunidades sobre os mais variados assuntos;
- YouTube: *site* onde você pode divulgar seus vídeos pessoais e visualizar tudo que possa imaginar;
- Flickr: *site* para publicação de fotos na *web*.

M. Apenas como curiosidade: *Wiki* quer dizer *What I Know Is* — O Que Eu Sei É.

Pergunta 3: Você já se referiu, de passagem, à revista *Time* que, tradicionalmente, elege a Personalidade do Ano. Em 2006, a personalidade foi You — Você, Eu, Todos Nós, o Usuário. A capa trouxe um espelho, para demonstrar a nossa importância: você se vê na capa da *Time*. Aparecer na capa da *Time* é o sonho de milhões de pessoas, agora tornado real para cada um de nós. O que você achou da escolha?
E. Com a Internet, cada um de nós pode criar e publicar suas próprias idéias, seja uma referência no Wikipedia, um filme no YouTube, uma canção no MySpace, um texto num *blog*, fotos no Flickr, ou participar de uma comunidade no Orkut. Não importa qual o artifício utilizado. Hoje, só não aparece para o mundo quem não quer. Neste sentido, a escolha da *Time* foi perfeita.

Figura 19 — Capa da *Time*.

Pergunta 4: Como vê o ensino à distância, que já existia muito antes da Internet, quando o material didático era enviado pelo correio?
E. Prefiro ainda a forma presencial, onde professor e aluno estão frente a frente, o professor pronto para responder a qualquer dúvida e até dar um pito no aluno que não estiver concentrado ou prestando atenção em tempo real, ao pé do ouvido. Isto funciona e faz a diferença.

— Menino!!! Presta atenção!!! Pára de conversar!!!

Não há dúvida que a educação à distância veio para ficar. No nosso caso, o livro *Gestão Empresarial com ERP*, seus exercícios, CDs, slides, já são uma forma de ensino à distância. O aluno mais disciplinado pode aprender com este material. Mas, temos outras formas de aprendizado, que irei descrever no final deste Bate-Bola.

Pergunta 5: Por que a Índia está tão mais avançada em software do que o Brasil?
E. São vários os motivos, mas destacaria dois. Primeiro, na Índia, as pessoas estudam matérias ligadas à TI desde o ensino fundamental: matemática, sistemas, comunicações, redes, hardware, software etc. Estive lá visitando museus e centros avançados de TI e todos estavam, sempre, repletos de crianças. Isso sem falar no inglês, que todos aprendem desde criancinha, pois a Índia foi colonizada pelo Reino Unido.

Segundo motivo: o apoio do Governo à TI. Estive em um congresso de TI em Mumbai, Índia, e lá estavam oito ministros. Aqui, quantos vão? Compras públicas, financiamentos subsidiados, redução da carga fiscal, regulamentação da terceirização, criação de pólos de tecnologia, incentivo à pesquisa, marco regulatório mais estável, são reivindicações da área de TI destacadas em meu discurso de posse como presidente da Assespro — Regional São Paulo, em 9 de março de 1999. Se eu fosse, hoje, fazer outro discurso de posse, seria exatamente igual.

Pergunta 6: Parece que existe uma carência de profissionais de TI, no Brasil e no exterior, para atender o mercado de software. A Assespro refere-se à falta de 20 mil profissionais, que pode chegar a 100 mil em 2010! Este é um problema tão grave assim?
E. Sem dúvida. O principal fator que pode impedir que o Brasil cresça tecnologicamente é a falta de mão-de-obra. Essa afirmativa vem sendo feita pelos mais altos executivos das grandes empresas de desenvolvimento de software e das multinacionais que aqui estão instalando os seus centros de TI (alguns são centros mundiais). Esta

falta de 20 mil profissionais irá aumentar se não forem tomadas providências. O Governo está anunciando investimentos mais pesados na educação, mas, se não houver uma integração das empresas com as universidades e faculdades para melhorar o ensino e a qualidade dos alunos, o problema permanecerá.

Pergunta 7: Como a TI vai ajudar o Governo no combate à sonegação?
E. O Governo está intensificando a obrigatoriedade de as empresas enviarem eletronicamente os dados sobre suas operações. Se antes solicitava o envio de todas as operações de compra e venda, no sistema SEFAZ o governo pode controlar o recolhimento do ICMS e do IPI e verificar se o que cada empresa comprou é compatível com o que ela vendeu. Com a nota fiscal eletrônica, NF-e, este controle é bem mais rígido, pois ela já nasce nos sistemas do governo. Agora, o Governo está criando o SPED — Sistema Público de Escrituração Digital —, que vai exigir o envio do balanço das empresas em um plano de contas padronizado, com todos os lançamentos contábeis que dele fazem parte. Tudo via Internet.

Para a pessoa física, o Governo está fechando o cerco àqueles que têm altos patrimônios sem declará-los e que, portanto, não pagam imposto de renda. Com o cruzamento cada vez mais intenso das informações prestadas por pessoas físicas e jurídicas, bem como dos saldos bancários (inclusive com análise da CPMF e das movimentações no cartão de crédito), registros de imóveis e veículos, a sonegação ficará cada vez mais difícil.

Pergunta 8: Com os recursos da customização descritos no Capítulo 6 — Programação, o usuário não poderia incluir no sistema funções de sonegação tão sofisticadas que a descoberta e fiscalização seriam muito difíceis?
E. O grande problema da implantação de um ERP é a customização, a aderência às necessidades do usuário. Mesmo com todos os recursos, muitas vezes é preciso fazer customizações específicas para atender às exigências do usuário. Por sua vez, os governos — federal, estadual e municipal — têm obrigado as empresas de software a restringirem a possibilidade de alterações em sistemas que envolvam o pagamento de impostos. É por isso que os sistemas de Automação Comercial devem ser credenciados pelas secretarias da fazenda estaduais. Elas verificam se há pontos de entrada em locais onde seria possível realizar uma fraude. Há estados que, em caso de fraudes, co-responsabilizam a *software house* pelo pagamento das multas.

Pergunta 9: Esta integração de informações vai exigir que todos os envolvidos usem a banda larga. Quais são as alternativas?
E. Em São Paulo, temos a banda larga Speedy da Telefonica, o Vírtua da Net e o Ajato da TVA. A Net e a TVA oferecem, via cabo, banda larga, TV por assinatura e Portal provedor. No caso da Telefonica, é usada a rede de telefonia fixa e pode-se optar pelo provedor (Terra, UOL ou outro). A velocidade depende do preço que se queira pagar. Brevemente, a Sky/Direct TV oferecerá estes serviços via satélite, atingindo os mais remotos pontos do país. Nos estados onde a operadora é a Telemar ou a Brasil Telecom há outras opções.

Como alternativa teremos, a partir de 2008, a rede sem fio que dá ao computador acesso móvel à Internet. No Wi-Max as antenas podem atingir até 150 km e se interligam com o sistema Wi-Fi, que funciona em ambientes fechados (aeroportos, hotéis, empresas ou mesmo em casa), chamados *Hostpots*. Seu raio de ação gira em torno de 100 metros.

Pergunta 10: Você poderia falar sobre a virtualização, que muitos apontam como a prioridade número 1 para 2007/2008?
E. A virtualização não é uma técnica tão nova assim. Nos mainframes antigos já existia esse conceito de memória virtual. A virtualização nada mais é do que você fazer processamento em máquinas que estão instaladas em outros locais. Por isso dizemos que é virtual. A virtualização permite que um processamento que estou fazendo aqui, na minha máquina, sobrecarregando-a excessivamente, seja automaticamente transferido para outra máquina na rede, aproveitando a sua ociosidade.

Como todas as máquinas estão interligadas via Internet, haverá um aproveitamento e economia de hardware muito grandes. A componentização, mencionada no Capítulo 6, já é uma aplicação deste conceito.

Pergunta 11: Ernesto, o que é melhor, ser chefe ou ser empregado? Ser rei dos cachorros ou cachorro dos reis?
E. O importante é você se sentir bem, tanto pessoalmente como no ambiente de trabalho.

M. Você quer dizer, ser respeitado no ambiente de trabalho.
E. Hoje, algumas empresas já estão implantando o que se chama Carreira em Y. A Carreira em Y faz com que um técnico, um programador, por exemplo, possa ganhar mais do que o seu chefe. Há gente que não

gosta e não sabe comandar. Gosta de programar, de trabalhar no desenvolvimento de um projeto. Faz isso superbem. Se o chefe é uma pessoa apenas mediana, mas que se relaciona bem com os clientes, sabe mandar, controlar e coordenar pessoas, e se existe um programador de excepcional capacidade em sua equipe, capaz de resolver todos os problemas, nada mais justo do que o programador ganhar mais. Ele permanece em seu cargo e atende às necessidades da empresa.

Pergunta 12: Dizem que a área de TI é cara e que é uma caixa preta, que as pessoas da área são complicadas, tudo é difícil e demorado. Como não podemos mais viver sem a TI, onde está o problema, se é que ele existe?
E. Esse problema está mais presente nas grandes empresas. É preciso que as pessoas entendam que projetos de TI são geralmente caros porque envolvem equipamentos sofisticados, onde não é permitido reduzir custos em detrimento da qualidade. Falhas e insucessos têm origem nessas decisões equivocadas. Isto vale para o hardware e para o software, onde podem existir expressivas diferenças de preços entre fornecedores, mas também para a mão-de-obra. Muitas vezes dá gosto gastar em um produto mais caro, é um dinheiro bem gasto. Com o custo da mão-de-obra, por exemplo, podem existir grandes diferenças, homem-hora a R$ 20 e a US$ 200.

M. Existe caixa preta?
E. A caixa preta existe no sentido de que a tecnologia é muito sofisticada. Em vários casos, a empresa adquire um processo e os funcionários apenas aprendem como trabalhar com ele: como dar a informação e como recebê-la. Não é tão importante que o usuário saiba como todo o miolo funciona. O esquema de caixa preta, para efeito de sistemas, é válido. No entanto, em certas situações, é preciso conhecer um pouco do mecanismo dentro da caixa preta, para melhor usufruir os seus recursos, tomar decisões quanto ao seu uso e resolver sozinho determinados problemas.

Neste *Bate-Papo*, às vezes entramos em detalhes aparentemente desnecessários, por acreditar que, algum dia, as informações possam ser úteis em situações específicas.

Por exemplo, a leitura do Capítulo 6 poderá ter sido um sacrifício para quem não trabalha com programação. Quem sabe um dia, porém, o conhecimento adquirido poderá ajudar a desvendar os mistérios de uma caixa preta.

Pergunta 13: A Gestão de Riscos Empresariais (ERM, *Enterprise Risk Management*) começa a ser adotada no Brasil. Veio para ficar? Como se faz o ERM?

E. A gestão de riscos é importante e cada vez mais as empresas precisam ter um Plano B, Plano C, Plano D para resolver situações críticas, sem causar prejuízos ao seu funcionamento. A gestão de riscos está muito ligada ao processo de qualidade que vimos no Capítulo 7 — Normas de Qualidade para o Desenvolvimento e Implementação de Software. No fundo, a gestão de riscos é responsável pelo seu cumprimento.

Em TI, o mais importante é sempre ter um *backup* atualizado de todos os arquivos e programas, guardado fora de suas instalações, dispor de local alternativo para o processamento de todos os sistemas, instalar geradores e *no-breaks* para os casos de um "apagão" e hoje, lamentavelmente, ter sistemas de segurança e vigilância altamente sofisticados — não apenas contra assaltos físicos, que deixam rastros e são mais fáceis de detectar, mas, principalmente, contra assaltos virtuais, às vezes percebidos somente muito tempo depois. A norma ISO 27000, em fase de lançamento, trata deste assunto.

****

M. Ernesto, no decorrer desses cinco meses de convivência, tomei conhecimento de várias iniciativas suas, em áreas cada vez mais valorizadas na vida empresarial e na vida comunitária, como responsável pelo Projeto Microsiga Dá Educação. Gostaria que você descrevesse algumas delas. Inicialmente, quais são as formas de ensino à distância relativas ao ERP?

E. Com muito prazer respondo à sua pergunta. Existem quatro modalidades:

- O *site* **www.tieducacional.com.br**: vários cursos estão disponíveis na modalidade *e-learning*. Seguindo as tendências, são cursos sob a forma de história em quadrinhos, muitos filmes, muitos exercícios, muitas perguntas. O aluno aprende quando quiser, onde estiver, pagando um valor bem razoável;

- **Cursos dentro do mesmo contexto, oferecidos em sala de aula:** no ensino à distância, o principal problema é a motivação. O menino de 15 ou 16 anos, por exemplo, dificilmente estudará via Internet. Porém, se ele for matriculado em uma escola, com equipamento e monitor para orientá-lo e fiscalizá-lo, a situação é bem diferente;
- **Cursos à distância com formato presencial:** aqui, os horários são predeterminados, o professor dá a aula normalmente como se estivesse em sala de aula. O aluno, em sua casa, participa pela Internet, como se estivesse em uma vídeo-conferência, com a visão do PowerPoint, dos exercícios, sem ver o professor (vê apenas a sua foto). Há um *chat*, para a interação professor x aluno;
- **Cursos no formato de vídeo-aula:** usados desde a época do videocassete, o aluno adquire um CD com o filme do curso, que oferece a mesma aula que pode ser assistida na forma presencial ou pela Internet, sem o *chat*. Até hoje não entendo porque essa forma de ensino não se propagou com mais força no Brasil. Existe uma quantidade fantástica de vídeo-aulas sobre os mais variados assuntos disponíveis no mercado e o número de alunos é muito pequeno. O grande problema da educação no Brasil, como disse anteriormente, é a motivação.

M. Qual o nome dos cursos disponíveis no Projeto Microsiga Dá Educação e quais os principais tópicos do conteúdo programático?
E. São os seguintes:

- **MSA,** *Microsiga System Administrator*: curso de 40 horas, onde são detalhados os principais tópicos deste Bate-Papo;
- **TCM,** *Technical Certified Microsiga*: curso de 24 horas, programação AdvPL;
- **BSCM,** *Balanced Scorecard Certified Microsiga*: curso de 24 horas, BSC com exercícios práticos utilizando o Módulo SigaBSC;
- **Outros cursos:** desenvolvimento de *sites, gadgets* (câmaras digitais, celulares, Internet e jogos), gestão de projetos, redes e programação orientada a objeto.

M. Onde são apresentados os cursos?
E. Em todo o país. Cada instituição define o formato do curso: tempo integral, meio período, noturno, duas vezes/semana, finais de semana, *in-company*, *in-house* etc.

Há duas vertentes: os cursos são apresentados em escolas conveniadas ou fazem parte da grade curricular nas faculdades de administração de empresas, sistemas de informação, ciências contábeis e ciências da computação.

M. O Projeto Microsiga Dá Educação fornece certificados?
E. O aluno que conclui um dos cursos pode prestar um exame para obter a Certificação. O exame não é fácil. São 100 questões, é preciso acertar 75 e o exame demora 6 horas. A vantagem é que ninguém passa por sorte ou é reprovado por azar, pois nenhuma das perguntas é de múltipla escolha.

M. O assunto me leva a outra pergunta: o problema do alto custo dos livros no Brasil não é uma dificuldade séria para as universidades e para a divulgação, no caso, da Tecnologia da Informação?
E. Exatamente. Isso é um problema sério. Quando vamos dar aulas em universidades, dificilmente o aluno consegue comprar o nosso livro. Por isso, o Projeto Microsiga Dá Educação desenvolveu o CIP — Controle de Impressão de Publicações. O assunto vinha sendo discutido em vários eventos nos quais participamos, sem que qualquer iniciativa fosse tomada. Desenvolvemos um programa em que o livro é gravado em CD e criptografado. O CD permite a impressão de 10.000 páginas. As faculdades podem comprá-lo por R$ 400,00 (R$ 0,04 por página) e imprimir os livros à vontade, na íntegra ou por capítulos.

Se, por exemplo, o professor pedir 20 páginas de determinado livro, este CD poderá atender a 500 alunos. Isto corresponde a 20 x R$ 0,04= R$ 0,80 por aluno. Assim, estamos ajudando a resolver a questão da fotocópia nas faculdades, a um preço bastante razoável.

M. Você quer descrever os projetos de Responsabilidade Social da Microsiga?
E. A proposta do IOS — Instituto de Oportunidade Social — é capacitar jovens carentes em Tecnologia da Informação. O Instituto recebe doações da Microsiga e de outras empresas participantes: Brilho Art Gráfica, IBM, Memorial da América Latina, Microsoft, Nelson Toledo, Papel de Gente, Unicom, Uninove.

Os cursos são ministrados gratuitamente para jovens de 14 a 19 anos, em dezenove entidades beneficentes na cidade de São Paulo e em dez estados. Neste ano, 2.300 jovens estão participando do projeto. O Instituto fornece os instrutores (muitos são voluntários que trabalham na Microsiga), equipamentos e material didático. O interessante é que, além de cursos sobre Windows, Word, PowerPoint, Excel, hardware, HTML, também é ministrado o curso MSA referido. E acredite, Mauro, o desempenho de alguns destes jovens é de impressionar, superando expectativas. É a prova de que uma pessoa, independentemente da classe social ou de seu passado cultural, pode aprender disciplinas complexas quando explicadas com simplicidade, paciência e calor humano. Muitos destes jovens são depois aproveitados na Microsiga ou em seus clientes. O projeto é capitaneado pelo diretor Carlos Eduardo Reinhardt e sua equipe de colaboradores.

M. Estive recentemente, como seu convidado, na festa de inauguração do Espaço Cultural Werner Haberkorn, ponto alto da comemoração do centenário de nascimento do seu pai. Você poderia descrever o que é este Espaço e qual é a sua importância para a Tecnologia da Informação?

E. O Espaço foi uma homenagem ao centenário de nascimento do meu pai. Como você sabe, ele dedicou sua vida à fotografia. Entre outros trabalhos, fazia postais da cidade de São Paulo. Várias dessas fotos estão expostas no Espaço. Sempre pensei em homenageá-lo e conseguimos, eu e minha irmã Vera. Criamos algo que também beneficia as pessoas e a sua integração com a TI. A idéia do Espaço é permitir que pessoas sem acesso a computadores possam usar equipamentos de alta capacidade para realizar trabalhos domésticos ou comerciais. O Espaço dispõe de biblioteca para leitura e consulta, com livros técnicos para auxiliar na execução de serviços *inloco*. Existe também uma área de lazer. Espera-se que os visitantes, em ambiente agradável e acolhedor, se motivem e possam desenvolver-se em Tecnologia da Informação. É por isto que colocamos o Espaço dentro de uma escola de informática, a Unidade Databyte de Santana (bairro de São Paulo), aliás, uma das conveniadas do Projeto Microsiga Dá Educação.

M. Este espaço é aberto somente para alunos da escola?

E. Não, ele está aberto ao público.

M. Entrada livre?

E. Entrada livre, inclusive o uso de computadores, no horário das 10h00 às 21h00. Há uma pessoa dedicada exclusivamente ao atendimento de visitantes.

M. Essa pessoa poderá fazer trabalhos para um visitante?

E. Sim, está sendo preparada uma tabela de horários, inclusive com reserva para utilização dos computadores em períodos escolhidos. O Espaço está funcionando muito bem e brevemente teremos que aumentar o número de máquinas. No momento temos duas.

Apêndice 2

ETA — O *Blog* do Ernesto

10ª Entrevista

M. Ernesto, este Apêndice chama-se ETA — O *Blog* do Ernesto. Você fala tanto no ETA, poderia nos contar de que se trata?
E. Quando vamos chegando a um estágio da vida em que todas as experiências já foram vividas, sente-se vontade de contar aos outros tudo aquilo que aprendemos. Meu pai sempre dizia que cada um aprende com as suas próprias experiências, principalmente os jovens. Mesmo assim, sempre se tem esta vontade de escrever um livro, deixar um legado. É como se fosse um relatório final.

Eu tinha esse projeto. Já havia escrito vários livros técnicos e era chegada a hora de escrever um livro sobre a vida. Tenho anotações desde os 18 anos sobre esse tema. Comecei, mas percebi que tudo que eu escrevia já estava contido em dezenas ou mesmo centenas de livros maravilhosos, desde as obras de Erich Fromm (cuja máxima era "Se não agora, quando?", citada em seu livro *Análise do Homem*), até "A Semente da Vitória", do Nuno Cobra, que, em minha opinião, consolida tudo, livros de auto-ajuda, artigos em revistas, comentários em jornais, em rádio, em televisão, letras de músicas, filmes, novelas, conversas de botequim, não sei mais onde. O texto seria apenas mais um. Então desisti.

Mas, como hoje temos o recurso da Internet, decidi fazer um *site*, que é a coisa mais fácil do mundo.

M. A idéia qual é?
E. É um *site* de reflexão, de qualidade de vida, de princípios. Isto foi há cinco anos. Naquela ocasião ainda não existiam os *blogs*, mas o conceito

do *site* já era o mesmo. Coloquei nele todos os textos, todas as minhas idéias e, principalmente, textos que encontrava e achava interessante. É um *site* de Filosofia de Vida. O ETA é um Estilo de Vida.

A sigla

M. De onde veio este nome ou sigla ETA?
E. É interessante quando você decide focar a sua vida em duas ou três palavras. Tê-las como objetivos. É certo que, ao longo da vida, elas se modificam. Naquela época eu praticava, como ainda pratico, muito esporte. Sou fanático, acho que o esporte não só traz saúde e bem-estar, é uma atividade essencial para o ser humano, como também é uma solução para esse espírito competitivo do homem. Na Antiguidade, guerras eram feitas para liberar esse espírito. O esporte resolve o problema. O esporte é fantástico: você disputa sem agredir, compete sem perder o amigo, na verdade faz amigos, você luta tendo um objetivo, uma meta. Sente-se bem. É alegria e saúde o tempo todo.

M. Então, a sigla ETA começa com E de esporte.
E. E de esporte.

M. E o T e o A?
E. O segundo aspecto que considero muito importante na vida é você exercer uma atividade de que goste — que, ao acordar de manhã, lhe traga felicidade por ter que exercê-la. O trabalho deve ser visto numa forma ampla: cultura, estudo, participação, evolução, você estar todo o tempo estimulando a sua mente. Sentir prazer pelo que faz. A segunda letra da sigla é T de Trabalho.

Agora, vou lhe contar algo confidencial. A terceira letra da sigla, o A de Amor, surgiu porque sou muito apaixonado pela Elaine. Quando você está apaixonado, você pensa e age de maneira totalmente diferente. Tudo muda. As pessoas vivem poucas vezes esses momentos de paixão. Eles vêm e vão, sem que possamos fazer nada. São muito fortes.

M. Quando vivem... a maioria não vive.
E. Talvez... e quando me dei conta da sigla ETA, fiquei espantado, por um lado, é a mesma do grupo terrorista espanhol! Euskadi Ta Askatasuna, que em basco significa Pátria Basca e Liberdade. Por outro lado, achei que era uma sigla fácil de lembrar.

M. Também é uma interjeição, acho que meio fora de moda: Eta!

E. Você sabe que nas Corridas de Aventura, que fazemos em grupos de quatro pessoas, o nome da equipe é sempre ETA? Virou um slogan. Quando estamos correndo e nos separamos, um sempre grita Eta! e todos os outros dizem: Nóis! E vamos em frente. Temos um boné escrito ETA na frente e NÓIS atrás.

M. Nóis com i?

E. É, Nóis mesmo, com i no meio, para ficar diferente. Para indicar que estamos juntos. Na corrida, isto é obrigatório.

M. Esta sigla não dá problemas?

E. Existe outra sigla, de uma entidade que aprecio e freqüento muito, a ACM, que significa Associação Cristã de Moços. A ACM usa essa sigla também como Alma, Corpo e Mente. O ETA é quase uma cópia. O corpo é o Esporte, a mente é o Trabalho e a alma é o Amor. Foi por isso também que resolvi não mudar a sigla.

M. É interessante essa analogia e quero fazer uma observação: o C de ACM corresponde a Cristã. O ETA abarca qualquer credo?

E. O sexto princípio do ETA é: **Espiritualidade**... viver a própria. Eu sou descendente de judeus, meus pais se converteram para o catolicismo, um dos meus melhores amigos, Marcelo Jacob, nosso diretor de AR, é de descendência árabe. Eu tive uma vida cristã forte porque estudei em colégio católico, rezo... e por incrível que pareça, Mauro, todas as vezes em que eu tive um problema sério e rezei, o problema foi resolvido.

M. É mesmo?

E. É verdade. Acontecem casos em que fico muito impressionado. Um foi quando perdi um par de óculos. Estávamos caminhando, eles caíram, não percebi. Andamos mais duas horas e foi então que senti a perda. Voltei para tentar achar, mas disse para mim mesmo: "Esquece, estamos no meio do mato. Mas eu vou rezar." Rezei e dois minutos depois achei os óculos. No chão, escondidos. Foi impressionante.

Como essa questão de religião é muito delicada, não vamos discuti-la aqui. O ETA não é um movimento religioso, não quer se comparar com nenhuma religião.

M. Esse esclarecimento é importante — embora você tenha feito essa analogia com a ACM...

E. A analogia é somente de Alma, Corpo e Mente. Se você quiser, lembrando que este é um livro de TI, podemos fazer uma analogia com o hardware e o software. O Corpo é o hardware, a Alma e a Mente são o software. Um não funciona sem o outro.

M. Acho que você está muito certo.

E. São princípios que fui aprendendo e que ficaram mais fortes quando comecei a freqüentar SPAs. Num determinado momento, eu tinha 56 anos, estava bem de saúde, mas convidei a Elaine para irmos a um SPA. Fomos e fiquei fascinado, porque não se trata de um lugar apenas para emagrecer. Algumas pessoas ainda pensam assim. O meu objetivo não é somente difundir os princípios do ETA, que estão no Estatuto e no *site*. O objetivo é permitir que as pessoas vivenciem e pratiquem estes princípios.

O SPAventura

M. O ETA é uma empresa?

E. O ETA começou com um *site* e depois eu abri uma empresa. A idéia é criar locais onde você possa praticar os princípios do ETA. O primeiro é uma pousada em Ibiúna, perto de São Paulo, administrada por meus filhos, chamada SPAventura. Cursos e eventos para pessoas que queiram treinar, vivenciar e experimentar os 10 princípios do ETA são as primeiras atividades programadas.

Estatuto do ETA

M. São aqueles que estão no brinde, mencionado no Capitulo 3 e exibido na Figura 10?

E. Exatamente. Os princípios são o Estatuto do ETA:

1. **Atividade física... todos os dias.**
2. **Alimentação... adequada e agendada.**
3. **Dormir... o bastante para sentir-se descansado.**
4. **Trabalho... fazer dele um lazer, um prazer.**
5. **Ler... estudar... estar sempre bem-informado.**
6. **Espiritualidade... viver a própria.**
7. **Amar... a família, os amigos.**
8. **Inimigos... jamais tê-los.**

9. Agir... com ousadia, calma e persistência.
10. Cumprir... as metas estabelecidas.

Estes são os princípios básicos. É claro que não somos os donos da verdade e muitas pessoas acham que deveríamos incluir outros princípios ou excluir alguns. Nossa lista era bem mais longa, mas ninguém lia. Resolvemos então resumi-la ao máximo. De qualquer forma, aceitamos sugestões. São muito bem-vindas.

Como a fazenda onde está localizado o SPAventura adota conceitos ecológicos, de permacultura e de preservação do meio ambiente, criamos para ele um slogan:

Qualidade de Vida com Sustentabilidade.

O *site*

M. O que aparece no *site*?
E. Falemos do *site*. Ele começa com o logotipo do ETA, onde os princípios estão descritos mais detalhadamente. Como todo *site*, tem vários *links*. O primeiro são estórias, "causos" e frases interessantes, que nos ensinem algo. Hoje, na Internet, você recebe diariamente este tipo de coisa. Eu diria até que o termo exato seria fábulas. Temos uma coletânea dessas fábulas. São mais de 100, com os nomes dos autores, quando possível.

M. Estas estórias têm uma página, meia página?
E. A média é uma página. No *link* de cadastramento cada um pode colaborar com a sua estória. Há pessoas que têm problemas de saúde e de vivência, que escrevem textos emocionantes.

M. Estão no *site*?
E. Todos estão no *site*. Alguns textos recebo em inglês e traduzo. Há textos de autores famosos. Tem de tudo.

Dentro do espírito de que o humor também é importante, existe um *link* exclusivamente para piadas. Eu tinha dificuldade de lembrar-me das piadas. Agora não há problema. Está tudo gravado no *site*. As pessoas que quiserem contá-las aos amigos encontrarão um repertório de quase 200, muitas inéditas.

Outro *link* chama-se Fim de Semana. Como gosto muito de teatro, cinema e eventos, decidi selecionar os cinco ou seis melhores de cada categoria, dentre as centenas de peças, filmes e eventos publicados nos guias dos jornais e *sites* mais populares. Faço isto às sextas-feiras. Conto com a colaboração de vários amigos.

Criamos também um *link* para *e-learning*. Queremos criar novos cursos, não só de informática, de TI, mas cursos de qualidade de vida, de ecologia. Já temos alguns, mas pretendemos colocar mais.

Temos o fórum, hoje transformado em *Blog*, onde as pessoas podem se manifestar, com opiniões, comentários, sugestões sobre determinada questão, tema existente ou tema novo.

Corridas de Aventura

E. Coloco também o calendário das corridas de aventura, atividade que pratico e acho extraordinária.

M. Essas corridas de aventura são realizadas regularmente?
E. Existem várias empresas que organizam. A que pratico é da Adventure Camp, do Sergio Zolino, que faz quatro corridas por ano.

M. Por que se chama corrida de aventura?
E. É uma corrida que demora de seis a oito horas — no nosso caso, porque para os que chegam na frente são apenas quatro horas. Nosso lema é "Lento, porém Eterno". Você sai às 8h30 da manhã e termina lá pelas 17h00. Você percorre um caminho, traçado num mapa fornecido pelo organizador na noite anterior. Passa por uns 10 Pontos de Controle (PCs), fazendo *trekking* (caminhada), andando de *bike* e fazendo canoagem. Ainda há um *rapel* no meio do caminho. São quatro pessoas por equipe e a nossa tem um só objetivo: não sermos os últimos. Fazemos daquilo um passeio.

M. Na canoagem vão os quatro juntos?
E. Normalmente, são dois *ducks*, que é o tipo do bote utilizado, dois em cada um. Corrida de Aventura é um grande desafio. Passamos por paisagens belíssimas. A corrida é cada vez num local diferente: Brotas, Ubatuba, São Luiz de Paraitinga, Nazaré Paulista, Santa Rita, Natividade da Serra, Lindóia, Pindamonhangaba. É uma atividade totalmente segura. São 100 equipes de cada vez, 400 pessoas, todas com a mesma camiseta, você vê aquelas pessoas andando no campo, na montanha, lá longe...

O importante, porém, é que a Corrida de Aventura, em termos de lição de vida, dá de dez em muito curso de empreendedorismo ou em qualquer seção de análise. Você enfrenta mil problemas, a todo momento só pensa em desistir, o desafio é constante, mas você só tem uma alternativa: continuar. Na última, no meio do nada, longe de tudo, um sobrinho meu, o Rodrigo, o mais forte do grupo, arreou, sentou-se no chão com dores fortíssimas no joelho e disse:

— Tio, não dá mais!

Eu disse:

— Temos três alternativas. Seguir em frente, seguir em frente ou seguir em frente!

Assim, chegamos ao final. Exaustos, mas realizados, felizes. O Rodrigo já quer participar da próxima. No SPAventura teremos Corridas de Aventura, numa versão mais *light*.

M. O *site* é muito visitado?
E. A visitação ainda não é muito grande. Você sabe, fazer um *site* é fácil. Difícil é torná-lo famoso, com milhões de acessos. Hoje temos mais de um bilhão de *sites* na Internet. Só com muito marketing ou sendo muito bom, muito diferente, é que ele tem sucesso. Espero que o *site* do ETA agora, com a publicação deste livro, seja mais visitado (*risos*). O Claudio Bessa, nosso diretor de marketing e esportista de primeira linha está nos ajudando. E lembre-se, é *www.eta.org.br*. O *site* .com é outro, não é o nosso.

Princípios

M. Vamos agora comentar alguns dos princípios do ETA? Você quer escolher ou quer que eu escolha?
E. Falemos um pouco sobre o Nº 8, Inimigos... jamais tê-los. Eu acho que é o mais difícil. A coisa mais complicada do mundo é você se contrapor a uma pessoa sem fazê-la inimiga. Acho que a conversa é o melhor caminho. O combinado nunca sai caro. Ceder um pouco para, depois, ganhar muito. Ao fazer um inimigo, você está sempre ameaçado, mesmo que ele seja mais fraco. Não vale a pena.

M. Eu gosto do Princípio Nº 4. Trabalho... fazer dele um lazer, um prazer.
E. Sobre esse tópico do trabalho, já recebi várias sugestões, até pelo *site*, para retirar a palavrinha lazer: coloque apenas Trabalho... fazer dele um prazer. Alegaram que, com a palavra lazer, o trabalho fica muito informal. Creio que essas pessoas apresentam a sugestão no sentido

de que o trabalho sempre tem o seu lado macambúzio e sorumbático. Você sabe o que isto quer dizer?

M. Sim, triste, chato, aborrecido.
E. É evidente que, se todo dia, durante muito tempo, o trabalho for macambúzio e sorumbático, está na hora de trocar de trabalho. Uma vez ou outra isso acontece. Não é para desanimar.

M. Você poderia falar sobre um texto que escreveu, que está no *site* do ETA, que achei muito interessante: Era Deus um Bom Analista de Sistemas?
E. Esse texto tem um pouco a ver com a minha profissão. Nela, principalmente para o analista de sistemas, é importantíssima a análise de requisitos, muito enaltecida pela ISO 9000: você fazer exatamente aquilo que o cliente quer. Deus, quando criou o ser humano, como está escrito no texto, deveria ter feito uma análise de requisitos, nos perguntando o que de fato queríamos. Será que não poderia ter feito algo diferente?

M. Acho que, apesar de estar no *site*, devemos transcrever o texto no final deste *Bate-Papo*.
E. Quem sabe os cientistas que agora estão fazendo clones possam aproveitá-lo (*risos*).

M. É, mas eu acho que essa imperfeição nossa é a graça da vida. Se fôssemos todos perfeitos, todos iguais...
E. Também não seria bom. O texto procura mostrar isso.

M. É leve e descontraído.
E. Descontraído. Um final descontraído de todo esse trabalho que nós tivemos, Mauro. Foram meses de trabalho pesado, que só quem escreve livro sabe o que é! Mas, um trabalho com lazer e prazer. Vamos então finalizar com o texto.

Era Deus um Bom Analista de Sistemas?

Quando Deus criou o mundo Ele deve ter feito um planejamento bastante elaborado antes de iniciar o seu trabalho. Não é possível que Ele tenha saído por aí atabalhoadamente, criando todo este universo maravilhoso. Mas, mesmo assim, será que Ele fez um bom serviço? Será que Ele fez um anteprojeto, projeto e depois apresentou tudo para um grupo de consultores norte-americanos dar o seu parecer final? Certamente que não. Se houvesse um Procon universal, você iria deixar barato ou sairia correndo em busca dos seus direitos e reclamar dizendo que muita coisa está incrivelmente errada?

Senão, vejamos! Inicialmente, Ele criou a Natureza. Nada mais belo, perfeito e bem bolado. O mar, com seu gigantesco volume de água que recebe o Sol, que a faz evaporar-se e formar as nuvens. Depois o vento, outra maravilha universal, que empurra estas nuvens para a Terra. Tudo isto sem ventilador ou qualquer outro recurso ecologicamente não sustentado. Criou também a chuva, que descarrega toda aquela água no topo das montanhas, alimentando as fontes que formam os rios. Estes, por sua vez, se espalham pelas montanhas abaixo, regando tudo e fornecendo o precioso líquido aos mais distantes rincões da Terra para depois descarregá-lo novamente ao mar. E lá, o ciclo recomeça. Ciclo perfeito. Automático. Sem necessidade de mão-de-obra, custo zero e totalmente auto-sustentável, reciclável. Belo projeto, análise perfeita e implantado sem maiores problemas. Secas, enchentes e ciclones são pequenos *bugs* perfeitamente aceitáveis num projeto desta dimensão. Só o homem mesmo para destruir lentamente todo este trabalho. Só agora está percebendo o erro que cometeu.

Em seguida, Deus resolveu criar os seres vivos. Começou pela vegetação, com as árvores, o mato, o pasto. Aí já houve falhas. Por que fazer tanto mato não comestível? Logo depois vieram os animais, veio o homem. Estes seres vivos precisariam se alimentar. Como este mato praticamente não é comestível — apenas uma mínima parte o é, pelo menos para o homem —, o que se vê é a crueldade de uns devorando os outros para sobreviver. Uma verdadeira matança. Você já imaginou quão estressante deve ser a vida de um cervo em terras africanas, sabendo que a qualquer instante pode chegar um tigrão e "nhac"? Comê-lo vivo! Ou de uma galinha, no seu galinheiro? Uma vaca no seu curral? Pois é, tanto mato por aí e as pessoas morrendo de fome. Falha de projeto.

É curioso analisar o quão criativo foi Deus ao criar os animais. A começar pela variedade. Desde os bichinhos, insetos que vivem em qualquer canto e têm uma mobilidade incrível, até os animais maiores, que provavelmente serviram de base para a criação do Homem, como o cachorro, o gato, o leão, o macaco. Cada um com suas virtudes e defeitos. Depois foram criadas as aves — bela invenção, esta capacidade de voar —, os peixes e outros que nadam tão bem, o elefante com sua bela tromba e dentes de marfim, a mosca que tem olhos por todo o corpo, a cobra com esta forma esquisita ou mesmo a tartaruga, tão longevínia e protegida, mas, coitada, para fazer qualquer programa fora da rotina perde um tempão.

Quando Deus finalmente resolveu criar o Homem não fez uma seleção das melhores características dos animais e as colocou neste produto prioritário. Está certo que o Homem não é tão ruim como o pato, que faz de tudo, mas tudo mal feito: canta, corre, voa e nada, mas sempre de forma desajeitada. Não é preciso ser um gênio para ver que o Homem poderia ser muito melhor. Está certo que ele tem cérebro, inteligência, sensibilidade e tudo aquilo que o faz sentir, pensar, rir, criar, desenvolver-se, ser feliz, mas também o faz sofrer, chorar, ter inveja, frustrar-se, deprimir-se, enfim viver. E viver, cá entre nós, não tem sido fácil.

Se a vida fosse fácil, de que serviriam os psicólogos e psiquiatras, que procuram reparar o que já veio com defeito de fabricação: a nossa cabeça. Alem disso, bem que o Homem poderia ter uma série de outras propriedades que, sem muito custo adicional, teriam gerado um produto bem melhor. Bastava copiar as idéias de outros animais. Por exemplo, o Homem já deveria vir com uma bolsa incorporada ao corpo, como os cangurus. Aliviaria muito o trabalho que temos para carregar as coisas. Ainda mais considerando os preços absurdos que os shoppings cobram por este artefato. Basta ser da moda, e pronto, uma bolsa *chic* chega a custar mais de R$ 1.000,00. E tem gente que compra. Só para impressionar, para aparecer! Ou então ter olhos por todo o corpo, como as moscas. Não precisaria estar se virando para tudo que é lado. Poderia ainda ter asas como um urubu e assim evitaríamos estes malditos congestionamentos.

Poderia ter também outras coisas, que só o Homem mesmo veio a inventar depois. Por exemplo, um painel incrustado na testa, mostrando sua situação: tô com fome!, tô com sono!, tô com febre!, tô apaixonado!, tô com as veias entupidas! Tudo apontado com pequenos ponteiros. Ou, quem sabe, até uma tela com a última versão do Windows 2000 a.C. Poderia também ter rodas, coisa mais simples e prática. Mas, sabe como é, naquele tempo não havia asfalto e nem mesmo caminhos. As rodas não iriam funcionar muito bem.

Outra coisa errada: o Homem nasce sem saber nada, ou seja, a gravidez deveria levar muito mais tempo. Ou ser mais eficaz. Aí o danado do nenê já sairia andando, falando, enfim, não seria preciso gastar uma verdadeira fortuna com as babás, com as escolas. Quem é pai sabe.

Vejam o exemplo do cavalo. Com apenas 15 minutos de vida já sai correndo, se alimenta sozinho, fica totalmente independente. Mas, o que é ruim mesmo é este negócio de ficar velho. Enxergar mal, ouvir mal, se locomover mal, com dores por todo o corpo. Ainda mais depois de ter experimentado a juventude, coisa tão bela.

O certo seria ficarmos um tempão com 25 anos e, num certo dia, com hora marcada e tudo, adormeceríamos num sono profundo e partiríamos desta para melhor. E aí sim, ficar na vida eterna, de camarote, assistindo a tudo que se passa por aqui. Quem pecou muito fica na geral. Quem foi bonzinho, nas numeradas cobertas. Esse negócio de eternidade deveria ser muito mais transparente. Como é que você vai convencer o bandido de que o pecado leva ao inferno, se ninguém consegue provar? Fica difícil. Aí vêm as religiões, se aproveitam e tentam dar um jeitinho. Mas será que resolvem mesmo?

O que não dá para entender mesmo é onde Deus estava com a cabeça quando resolveu criar a Mulher. Que coisa mais complicada, mais sensível, mais cheia de nhem nhem nhem. Misturou sexo com amor, com gravidez, com fidelidade, enfim um Deus nos acuda. E aí o Homem teve que inventar a camisinha, a pílula, a vasectomia, o DIU, amarrar as trompas. Muita gente já estava até defendendo o sexo livre, mas veio a Aids e acabou com a festa. Outros procuram a união perfeita, eterna, a monogamia sem monotonia. É válido, mas também não é fácil. E graças aos laboratórios farmacêuticos, e não a Deus, temos as pílulas para o tratamento da "disfunção erétil". E temos ainda a cirurgia plástica, as seções de estética, o cabeleireiro, o banho de loja, o bronzeamento artificial. Sem contar a drenagem linfática, os implantes, o silicone, a lipoaspiração etc. etc. Enfim, não há desculpa para ficar sozinho ou sozinha. E no fundo, no fundo, é exatamente isto que dá sentido à vida. Namorar, flertar, paquerar, casar, ter filhos, beijar, transar, brigar, levar um fora, voltar, ter mais filhos, ter ciúmes, ficar, conquistar, dar, receber, sonhar, trair, se arrepender, pedir perdão, amar, apaixonar-se, amar, amar! Enfim, sentir aquele arrepio que arrepia a gente quando a gente vê a gente que a gente gosta. Para o Homem, porém, como fazer tudo isto se não existisse a Mulher?

Mas, se Deus cometeu suas falhas, o que está feito, está feito. Não tem jeito. Não dá pra remediar nem reclamar, mesmo porque se trata de monopólio. Só agora estão começando a surgir os primeiros concorrentes que, um dia, quem sabe, talvez conseguirão fazer um clone perfeito. Mas, isto é só no futuro e não vai ser fácil fazer melhor.

Que tal pensarmos em um modelo belo como o pavão, ágil como o gato, bem-humorado como os golfinhos, corajoso como o leão e perseverante como a formiguinha. Enfim, o cara perfeito! Ou o Homem e a Mulher sem defeito. Difícil!

Agora, o que nos resta é manter e dar um jeito no que aí está. Preservando e cuidando da natureza, da nossa saúde, aceitando as coisas ruins com muito humor e alegria e reagir com persistência e ousadia, respeitar as manias dos outros, principalmente da nossa parceira ou parceiro, amar e ser amado, trabalhar naquilo que gosta, mas fazer do estudo a base para novas e deliciosas descobertas, enfim, entender que da vida só se leva a vida que a gente leva.

Contato

M. Ernesto, como os leitores deste livro poderão se comunicar com você?
E. A pessoa, entrando no *site* do ETA, terá duas formas de se expressar. A primeira é ao se cadastrar, ela preenche o campo de sugestões com comentários ou com um texto para publicação. A pessoa não consegue publicar diretamente o seu texto. Só pela segunda forma, que é entrar no fórum e participar de alguma discussão ou abrir um tema novo. Neste caso, não há interferência.

M. Quer dizer que você aceitará cartas e acessos de leitores...
E. O *site* está feito de tal maneira que, ao se cadastrar, a pessoa está enviando um *e-mail* para mim. Afinal, eu uso os recursos da tecnologia! (Risos)

M. Você responderá a comentários sobre tópicos específicos do livro?
E. Com o maior prazer.

M. Que tipo de comentário você gostaria de receber?
E. Fora os elogios? (*risos*). Críticas construtivas. Eu acho que aprendemos assim.

M. Eu fiz essas perguntas porque acho importante que os leitores fiquem sabendo que poderão comentar este livro, algo que não costumo ver assim tão claramente registrado, no próprio livro. Não sei se você também acha pouco comum a indicação explícita de um canal para comunicar o leitor com o autor do livro.

E. É pouco comum. Às vezes há uma página no final do livro. Eu também me comunico por meio do *site www.certificacaomicrosiga.com.br* ou pelos *e-mails* cursos@microsiga.com.br ou ernesto@microsiga.com.br

Procuro ficar ligado no *e-mail*. Às vezes, a pessoa escreve para mim às 8h55 e eu respondo às 9h00. Gosto de fazer isso. Assim, começamos um bate-papo cordial, um diálogo. Tenho também um BlackBerry para responder, quando estou fora. Só não respondo quando estou nadando. Mas, logo, logo, teremos aparelhos à prova d'água. E viva a Tecnologia! (*risos*).

TABELA DE CORRESPONDÊNCIA	
Nome do Livro: Um Bate-Papo sobre o Gestão Empresarial com ERP	Nome do Livro: Gestão Empresarial com ERP
Nota Introdutória	*Prefácio e Introdução*
Capítulo 1 – Funcionalidades do ERP (*Enterprise Resource Planning*)	Capítulo 3 – Funcionalidades do ERP Capítulo 9 – Planejamento Estratégico de TI Capítulo 10 – Análise de Software de Gestão – ERP Capítulo 15 – Gestão de Custos Capítulo 16 – Gestão de Materiais Capítulo 17 – Gestão Administrativa Capítulo 18 – Fluxo Sistêmico
Capítulo 2 – Novas Funcionalidades do ERP	Capítulo 2 – A Internet e a Evolução do ERP
Capítulo 3 – Suporte e Apoio à Decisão – *Business Intelligence* (BI)	Capítulo 5 – BI – *Business Intelligence* Capítulo 19 – Gerenciando com Modelos Matemáticos
Capítulo 4 – A Empresa e o Governo	Capítulo 1 – A Tecnologia da Informação, a Gestão Empresarial e o Papel do Governo Capítulo 12 – Jogo de Empresas Capítulo 13 – ERPzinho Capítulo 14 – Contabilidade
Capítulo 5 – Evolução da Tecnologia e História da Microsiga	Capítulo 6 – Evolução da Tecnologia
Capítulo 6 – Programação	Capítulo 20 – AdvPL e Protheus
Capítulo 7 – Normas de Qualidade para o Desenvolvimento e Implantação de Software	Capítulo 7 – Metodologia de Desenvolvimento e Implantação de Sistemas Capítulo 8 – UML e MER
Apêndice 1 – Bate-Bola no Bate-Papo	
Apêndice 2 – ETA – O *Blog* do Ernesto	

Índice Remissivo de Nomes

A

Alberto Candido B. de Freitas, 5
Alexandre Alves da Silva, 5
Alexandre Haberkorn, 5
Alexandre Mafra Guimarães, 6
Alfredo Luiz Magalhães, 6
Armando Tadeu Buchina, 5
Ary Valentim Medeiros Neto, 6

B

Bill Gates, 57-58, 151
Bill Ilmnon, 45

C

Carlos Eduardo Reinhardt, 5, 161
Claudio Bessa Sacramento, 5
Cristiano Cardoso da Cunha, 6

D

Daniela Sodré Haberkorn, 5
David Kallas, 56
David P. Norton, 50

E

Eduardo Alexandre Nistal, 6
Eduardo Perusso Riera, 6
Elaine C. Andreo de Faria Haberkorn, 5, 164, 166
Erich Fromm, 163

F

Fernanda Pancheri, 6
Fernando Cícero, 6, 12
Fernando Collor de Mello, 15, 98
Fernando Ramalho, 6
Fiori Giglioti, 21
Flávio Balestrin de Paiva, 5
Francisco de Assis B. da Costa, 6

G

Georges Kontogiorgos, 6
Gian Carlo Rodrigues Guzzoni, 6
Gustavo Bezerra, 6

H

Harley Dias, 6
Herman Hollerith, 86

J

Jeff Bezos, 35
João Pedro Wettlaufer, 149
Jorge Queiroz, 99
Jorge Secaf, 56
Jose Augusto T.S.O. Santos, 6
José Maria Cosentino, 92
José Rogério Luiz, 5, 103

L

La Fayette, 101
Laércio Cosentino, 5, 12, 92
Lair Ribeiro, 70
Linus Torvalds, 97
Lucas Paccioli, 83
Luiz Akira Tamura, 6
Luiz Cesar Zaratin Bairão, 5
Luiz Fogaça, 6

M

Maílson da Nóbrega, 79
Marcelo Bomura Abe, 6, 101
Marcelo Jacob, 5, 165
Marcelo Rehder Monteiro, 5, 106
Marco Antonio Canela, 6
Maria Helena da Silva Datti, 6
Mariana Lucila Stori, 6
Mark Twain, 101
Mauro Vivacqua de Chermont, 6, 12
Murilo A. de Faria Sodré, 5

N

Nuno Cobra Ribeiro, 163

P

Patrice Etlin, 103
Patrícia Sodré Haberkorn, 5
Pilar Sanchez Albaladejo, 6

R

Ralph Kimball, 45
Ricardo Semler, 52
Robert S. Kaplan, 50
Rodrigo Monteiro de Barros, 169
Roger S. Pressman, 126
Rosa Maria A. Sodré, 124

S

Sergio Zolino, 168

V

Vera Flieg, 161

W

Weber Canova, 5, 100
Werner Haberkorn, 161
Werner Kotch, 89
Wilson de Godoy Soares Jr., 5, 100

Índice Remissivo de Empresas

A

Aberdeen Group, 13
Abes, 98
ABNT, 130
ACM, 165
ADP/System, 96
Advent, 103-104, 168
Adventure Camp, 168
Assespro, 78, 97-98, 134-135, 154

B

Banco Bandeirantes, 90
Banco Central, 73, 75
BNDES, 104
Borland, 100
Bovespa, 104, 138
Brascom, 93
Brasil Telecom, 156
Brilho Art, 160
Bull, 86, 88, 96
Burroughs, 86, 96

C

CCE, 98, 152
Cobra, 93, 98
Computer Associates, 100
CVM, 138

D

Databyte, 161
Datamec, 96
Dell, 33
Dow Corning, 92

E

Edisa, 93
Ego, 98
ESC, 102
ETA, 16, 58, 69, 152, 163-167, 169-170, 174

F

Fenasoft, 99, 131
Fluxo, 20, 22, 27, 47, 65, 68, 82, 94, 96, 105, 145
Fundação Vanzolini, 129

G

Gel, 92, 103
Gradiente, 93

I

IBCD, 30
IBM, 85-86, 88-89, 92-93, 95-96, 98, 123, 152, 160
ICL, 88
IOS, 160
Itautec, 98

L

Labo, 93
Lecom, 38
Lenovo, 95
Logocenter, 98, 104
Logus, 98

M

Medidata, 93, 98

Melhoramentos, 90
Memorial da América Latina, 160
Mercado Livre, 36
Metal Leve, 88
Microbase, 93, 98
Microcraft, 98
Microsiga, 5-6, 11-13, 16-17, 23-25, 32, 52, 55-56, 70, 81, 85, 94-95, 98-99, 101, 103-106, 123, 129, 131-132, 139, 144, 158-161, 175
Microsoft, 100, 103, 106, 123, 151, 160
Microtec, 98
Monydata, 98

N

Nantucket, 100
Nelson Toledo, 160
NET, 156
Nixdorf, 88
Novadata, 93
NYSE, 138

O

OECI, 88
Olivetti, 88, 93
Oracle, 100

P

Papel de Gente, 160
Philips, 88
Politécnica, 94
Polymax, 93
Prológica, 93, 98

R

RCA, 88
RM, 11, 70, 98, 104

S

Schema, 45, 96
Scopus, 98
SEC, 138
SEI, 134
Serpro, 134-135
Servimec, 96
Sharp, 90
Sid, 93
Siemens, 88, 89
Sipros, 104
SKY, 156
Softex, 103, 134
SPAventura, 166-167, 169
Sysdata, 98

T

Telefonica, 32, 40, 51, 156
Telemar, 156
Telsist, 98
Tendências Consultoria, 79
Terra, 156
Totvs, 5, 11-12, 40, 52, 56, 70
Totvs-BMI, 56, 70
TVA, 156

U

Unicom, 160
Uninove, 160
Univac, 86, 89
Uol, 156

Índice Remissivo de Palavras-Chave

A

AdvPL, 101, 113, 117, 123, 159
Almoço, 45, 93
Analista de suporte, 24, 60, 71, 115-117, 143
Apoio à decisão, 16, 43, 45, 66
Aquário, 108
Array, 111
ASP, 15, 17, 40-41
Assembler, 92, 95, 99
Ativo, 22, 50, 82-84
Avatar, 152

B

B2B, 37
Balanço, 50, 77, 83-84, 155
Banda larga, 100, 156
Bate-Bola, 16, 151, 154
BI, 16-17, 27, 43-47, 59, 64, 66, 81, 101, 147
Bit, 86
BlackBerry, 175
Blog, 16, 34, 146, 153, 163, 168
BPM, 16, 45, 49-50, 58, 66, 106
BPO, 41, 71
BSC, 16, 45, 50, 54-58, 66, 159
BSCM, 56, 159
Bug, 24
Bureau de serviços, 11, 40, 88-89, 92, 94
Byte, 86

C

C2C, 36
Caixa preta, 51, 157-158
Call center, 30-33, 41
Câmbio, 25, 73-74, 79
Carreira, 52, 110, 156
Caso do Chaveiro, 27
Celular, 25, 30, 48, 123, 147, 149, 151
CIP, 160
Classes, 72, 101, 120-122
Clipper, 96, 98-100, 117
CMMI, 16, 25, 129, 132-135, 142
COBIT, 129
Coletores, 110, 145
Comandos lógicos, 110
Comércio eletrônico, 35, 145
Compilador, 100-101
Componentização, 102, 122, 156
Contabilidade, 22, 41, 46, 72, 82-84, 112
Correl, 60, 62, 65
Correlação, 59-62, 64-65
Corridas de Aventura, 165, 168-169
COSO, 137
CPD, 91-92
CPU, 92
CRM, 15, 17, 27, 29-30, 33, 43, 112, 147
Curso, 23, 37, 56, 58, 60, 68, 70, 82, 87, 96, 101, 107-109, 119, 130, 139, 144, 159, 160-161, 168

Customização, 76, 98, 102, 115-117, 127, 155

D

Dashboard, 53-56
Data center, 40-41
Data mining, 16, 45, 59-60, 63, 66, 81, 147
Data warehouse, 16, 22, 45-46, 49, 54, 58, 66, 105
DataKombi, 90
dBase, 95-96, 99
DEM, 101
Deus, 58, 102, 122, 140, 170-173
Dicionário de Dados, 99, 118-119
Dimensões, 45-47
Dívida pública, 74-75, 79
Dividir para Multiplicar, 12, 103-104
DOS, 99, 100
Drill-down/drill-up, 46
DSS, 43

E

EAI, 27
EBITDA, 50, 69
e-business, 39
e-commerce, 15, 34-37, 39, 145
EDI, 40
e-learning, 23, 149, 158, 168
e-mail, 30, 43, 48-49, 147, 148, 174, 175
Empreendedores, 70-71
ENIAC, 85
e-procurement, 15, 21, 38-39
ERM, 158
ERP, 11-20, 23, 26-31, 34, 37, 40-41, 43-45, 47-48, 55-56, 58, 64, 67-68, 71-72, 76, 81-82, 96-97, 102, 106, 112, 122, 136, 143-144, 146, 148-149, 154-155, 158

ERPzinho, 16, 37, 81-83, 97, 144-145, 148, 150
ESB, 40
Estado-da-Arte, 16, 82, 143-144, 149
Estatuto do ETA, 58, 69, 166
ETL, 45
Excel, 60, 62, 64, 106, 111, 120, 161

F

Fonte(s), 96-98, 103, 114, 116-120, 171
Friendly, 44
Funcionalidades, 13, 15, 20, 27-29, 37, 43, 53, 81-82, 101, 105-106, 112, 126, 143-144, 150
Funções, 101, 112-114, 116-121, 138-139, 155

G

Genes, 70
Gestão por processos, 20
Governança corporativa, 24, 137, 138
GPS, 30, 65, 152

H

Hackers, 25, 117
Handheld, 30
HDTV, 151
Helpdesk, 31-32
Herança, 120-121

I

IDE, 101, 120
Indicadores, 105-106
Instância, 120
Intelligence, 16, 43, 55, 58-59, 105, 147

Internacionalização, 71
Internet, 20-21, 25, 27, 29-30, 33-40, 45, 49, 55-56, 78, 97, 101-102, 110, 122-123, 128, 145-146, 149, 151-156, 159, 163, 167, 169
IPO, 68, 104
IPTV, 151
ISO 9000, 16, 24-25, 51, 55, 128-132, 134, 137, 170
ITIL, 16, 135
IVA, 78

J

Jogo de Empresas, 16, 65, 80
Jogo do Governo, 16, 79, 80
Jornal da Empresa, 55
Juros, 25, 66, 68-69, 74-75, 79

K

KDD, 59

L

Linux, 96-97, 102, 123, 127
Lógica, 24, 32, 86, 87, 107-109
Loop, 91-93, 119-120, 128

M

Mapa Estratégico, 52-53
Market Place, 36
Melhores práticas, 125-126, 128, 135-137, 139
Metas, 50, 54, 56, 58, 167
Metodologias, 125-126, 135, 137, 139
Microcomputadores, 93
Microinformática 93, 95-96, 98
Mineração de dados, 59, 63
Minicomputadores, 93, 98
Missão, 47, 48, 53, 70-71, 104
Motivação, 12, 48, 55-57, 134, 159

MPS, 16, 134-135
MRP I, 14, 21
MRP II, 14, 22, 65
MSA, 17, 144, 159, 161

N

Natural Adabas, 92, 99
Normas de qualidade, 16, 125, 129, 158
Nota fiscal eletrônica, 37, 155
Nota Introdutória, 11
Novo Mercado, 104, 138
Nyse, 138

O

Objetos, 120-121
Open source, 97
Outsourcing, 33, 41, 132

P

Padre, 108
Padrões, 40, 56, 63, 125-126, 137, 139, 147
Palm, 30, 48-49, 128
Parâmetros, 60, 113-117, 119
Passivo, 50, 83, 84
PC, 30, 95, 128
PDA, 30
Perspectivas, 50, 53-54
PMI, 16, 136, 137
Polimorfismo, 102, 120, 122
POO, 119-120, 122
Portal, 38, 55, 104, 106, 156
Programação estruturada, 112
Programação, 12, 16, 40, 58, 64, 76, 87, 95-96, 99, 102, 107, 109, 111-113, 115, 119-120, 122-123, 125-126, 136, 141-142, 155, 157, 159
Projeto Microsiga Dá Educação, 12, 24, 52, 56, 101, 104, 158-161

Propriedades, 118-122, 172
Protheus, 12, 66, 81, 100-102, 104-106, 116-117, 122, 144, 150

R

Radiação, 15, 20-21, 23, 27, 47
Ranking, 79
Redes, 30, 37, 99, 100, 152, 154, 159
Reserva de mercado, 15, 89, 92-93, 97-98, 103
Re-usabilidade, 121-122
RFID, 110, 145, 152
ROI, 68-69

S

Sarbanes-Oxley, 24-26, 137-138
SCM, 15, 17, 27, 37, 43, 149
Second Life, 152
Segurança, 24-26, 74, 106, 127, 141, 149, 158
SEI, 134
Server, 117-118
Siga Advanced, 98-100, 102
SIGA, 5, 11, 15, 66, 87, 89, 93, 98-102, 149-150
Simulação, 22, 59, 63-66, 81
Sistemistas, 123
Site, 23, 33-34, 36-37, 95, 123, 145-146, 149, 153, 158, 163-164, 166-167, 169-170, 174-175
SIX-SIGMA, 139-140
SLA, 139-140
SOA, 15, 17, 39-40, 123
Softex, 103, 134
Software house, 129, 155
Software livre, 89, 96-97, 144
Solver, 64-65
SOX, 26, 137-138
SPICE, 139

SQL, 81, 100, 123
Star Schema, 45

T

Tabela de Correspondência, 12, 149
TCM, 17, 101, 119, 159
Telemarketing, 31
Template, 116
Tempo de execução, 99, 118
Teoria das Filas, 65
Terceirização, 33, 41, 78, 154
Título do livro, 15, 107
TQM, 16-17, 127-128

U

UML, 122

V

Variáveis, 62, 65, 111
Virtualização, 156
Visão, 53, 59, 63, 70-71, 80, 94, 110, 159
VoIP, 151

W

Web 1, 152
Web 2, 146, 152
Web mailing, 30
Web service, 39, 65, 148
Wi-Fi, 152, 156
Wikipedia, 152-153
Wi-Max, 152, 156
Windows, 44, 100, 119-120, 123, 127, 128, 161, 172
Wireless, 152
Workflow, 16, 22, 45, 47-48, 50, 55, 58, 66, 106, 146, 147

X

XML, 37, 39-40, 123, 148